Alfred Schmidt gewidmet

Primus in orbe Deos fecit timor

Die Angst hat als erste in der Welt die Götter gemacht
Petronius

Abb. 1: Arthur Schopenhauer,
nach einem Porträt aus dem Jahre 1859

Inhalt

Zitierweise   9
Abkürzungen. 10

1. Einleitung 11

2. Schopenhauers Leben. 14
   2.1 Der Vater. 14
   2.2 Die Lehre 18
   2.3 Der junge Privatgelehrte 23
   2.4 Endgültige Bleibe 27

3. Grundmauern des philosophischen Gedankens 33
   3.1 Zwischen Materialismus und Idealismus 33
   3.2 Einheit stiftendes Prinzip. 38
   3.3 Vier Masken der einen Wahrheit 41
      Die Erscheinungen in Raum und Zeit 42
      Vorstellungen von Vorstellungen. 47
      Reine Anschauungen. 48
      Die Grenze des diskursiven Wissens 49

4. Physiologische Theorie der Farben 53

5. Das Hauptwerk 59
   5.1 *Ich glaube an eine Metaphysik* 59
   5.2 Von der transzendentalen Ästhetik zur Welt als
      Vorstellung. 61
   5.3 Das Rätselwort *Wille* 63
   5.4 Physische und moralische Welt 70
      Materiale Identität von Geist und Materie. 70
      Hirnparadoxon. 79
      Die andere Wirklichkeit. 80

6. *malum metaphysicum* 86
   6.1 Der moralische Wesenskern der Welt. 86

6.2 Die Mitleidsethik 90
    Moral aposteriori 90
    Moral, das schlechthin Unnatürliche 99
6.3 Mitleidsethik oder Wissenschaft vom Guten 103
6.4 Religionsphilosophie 107
6.5 Die Freude am Schönen und die Kunst 111

7. Zur Wirkung 116
    7.1 Rentnerphilosoph, Poet und Kulturkritiker 116
    7.2 *Wo Es war, soll Ich werden* 119
    7.3 *Widerstand ist die Seele der Schopenhauerschen*
       Philosophie 124

Anhang
1. Zeittafel 128
2. Bibliographie 129
    A) Werke – B) Hilfsmittel und Darstellungen – C) Literatur
3. Bildquellenverzeichnis 133
4. Personenregister 134
5. Sachregister 135

Zitierweise

Schopenhauer wird nach der Züricher Ausgabe zitiert, z. B. III 123 = Bd. III, S. 123; seine Schrift *Über das Sehn und die Farben* folgt der Ausgabe von Arthur Hübscher (Bd. 1). Die vergriffenen Ausgaben des Nachlasses und der Vorlesungen werden zitiert nach der sechsbändigen Ausgabe von Arthur Hübscher und nach dem neunten und zehnten Band der Ausgabe von Paul Deussen.

Kant wird zitiert nach der sechsbändigen Ausgabe von Wilhelm Weischedel, dabei werden jedoch die den meisten Ausgaben der Hauptwerke Kants beigefügten Seitenzahlen der Originalausgabe verwendet.

Auf die im *Anhang* aufgeführte Literatur wird durch Verfassername (sofern nötig: zusätzlich mit Erscheinungsjahr) und Seitenzahl Bezug genommen.

Nietzsche, Freud und Horkheimer werden zitiert nach der jeweils gängigen Gesamtausgabe unter Nennung des Autors mit Band und Seitenzahl.

Abkürzungen

W	*Die Welt als Wille und Vorstellung*
ZG	*Über die vierfache Wurzel des Satzes vom zureichenden Grunde*
SuF	*Über das Sehn und die Farben*
P	*Parerga und Paralipomena*
FdW	*Preisschrift über die Freiheit des Willens*
GdM	*Preisschrift über die Grundlage der Moral*
WiN	*Über den Willen in der Natur*
V	*Philosophische Vorlesungen*
GBr	*Gesammelte Briefe*
Ges	*Gespräche*
HN	*Der Handschriftliche Nachlaß*
SL	*Arthur Schopenhauer. Ein Lebensbild*, in: Arthur Schopenhauer, *Sämtliche Werke*, hrsg. von Arthur Hübscher, Bd. 1.
GW	Wilhelm von Gwinner, *Arthur Schopenhauer aus persönlichem Umgang dargestellt*
GMS	Kant, *Grundlegung zur Metaphysik der Sitten* (IV 11–105)
KrV	Kant, *Kritik der reinen Vernunft* (II)
KdU	Kant, *Kritik der Urteilskraft* (V 233–620)
GoeW	Goethes Werke, Hamburger Ausgabe
GoeB	Goethes Briefe, Hamburger Ausgabe

1. Einleitung

Mit Arthur Schopenhauer vollzieht die Philosophie im neunzehnten Jahrhundert einen folgenreichen Wandel. Die Fähigkeit des Menschen, seine individuelle Natur und die allen Individuen gemeinsame Welt als eine einheitliche zu erfahren, will Schopenhauer nicht mehr im Denkvermögen ausfindig machen, sondern in der Erfahrung des eigenen Leibes. Der Schwerpunkt der Philosophie verlagert sich so vom Kopf auf den Leib. Schopenhauer führt dadurch die Entwicklung des neuzeitlichen Idealismus, der seit Descartes den Menschen wesentlich als denkende Substanz betrachtet hatte, zu einem Abschluß. Sämtliche Produkte des Intellekts und einer intelligiblen Welt setzt Schopenhauer zum bloßen Hirnphänomen herab und bestimmt den Menschen im Gegensatz zum *erkennenden* als ein *wollendes* Wesen.

In seinem Vorgehen stützt er sich allerdings auf den Idealismus, genaugenommen auf einzelne Resultate der Transzendentalphilosophie Kants. Es sind vor allem die in der *Transzendentalen Ästhetik* der *Kritik der reinen Vernunft* als reine Anschauungsformen ausgewiesenen Vorstellungen von Raum und Zeit sowie die in der *Transzendentalen Analytik* behandelte Kategorie der Kausalität. Weil demnach alle Bewußtseinsinhalte Raum und Zeit unterworfen sind und dem Gesetz der Kausalität gehorchen, diese aber dem subjektiven Teil der Erkenntnis zuzurechnen sind, erklärt Schopenhauer radikal alle Bewußtseinsinhalte zu Hirnphänomenen und ordnet sie kurzerhand dem Idealismus zu. Diese Hirnphänomene nennt Schopenhauer *die Welt als Vorstellung*.

Dadurch schafft er ein freies Feld, auf dem er Zeichen einer Welt aufzuspüren bemüht ist, die nicht Raum, Zeit und Kausalität unterliegt. Diese Welt nennt Schopenhauer *Wille*. Der Wille ist eine Art dunkle, unbewußte Urmacht, die nur sich selber will und sich als Schwere, Trieb sowie Kraft zum Dasein äußert, aber auch Spuren im Bewußtsein hinterläßt. Kaum anders als später das Unbewußte der Psychoanalyse Sigmund Freuds ist für Schopen-

hauer der Wille die alles verbindende Autorität, in deren Einfluß-
bereich Bewußtsein und Intellekt nur noch sekundäre Bedeutung
zufällt.

Um seinen Ausführungen Gewicht zu verleihen, beruft er sich
auch auf die Errungenschaften der Hirnphysiologie seiner Epo-
che. Was einige namhafte Hirnforscher von heute (etwa Gerhard
Roth und Jean-Pierre Changeux) für selbstverständlich halten, gilt
Schopenhauer als Novum und als Bestätigung der Voraussetzun-
gen seiner Lehre: Geist, Seele, Bewußtsein sowie Intellekt und
Ideen sind höchst verletzliche, zweitrangige Produkte des Ge-
hirns. Aber Philosophie und Theologie betrachten einige dieser
Produkte bloßer Hirntätigkeit als selbständige Wahrheiten und
Wirklichkeiten. Vor allem Begriffe wie *Materie*, *Kraft*, *Kausalität*,
Sittengesetz sowie andere Kategorien der Moralphilosophie und
-theologie überführt Schopenhauer ihrer Abhängigkeit von den
Hirnfunktionen.

Schopenhauer ist Vorreiter jener Denker des neunzehnten Jahrhunderts, die auf eigenen Wegen und jenseits der akademischen
Philosophie die Neigung des Verstandes zur Verdinglichung seiner Produkte schonungslos zu entlarven bemüht sind. Es ist dies
ein Hauptmerkmal der deutschen kultur- und sozialkritischen
Denkhaltung im neunzehnten Jahrhundert. Auf der Unwirklich-
keit der Produkte des Denkens beruht letztlich auch Marx' Kritik
an der „phantasmagorischen Form" einiger Denkinhalte und am
„Fetischcharakter der Ware", welche die religiöse Welt gleichermaßen wie die Warenproduktion beherrschten. „Hier scheinen",
meint Marx ganz im Sinn der Lehre Schopenhauers, „die Produkte
des menschlichen Kopfes mit eigenem Leben begabte, untereinander und mit den Menschen in Verhältnis stehende selbständige
Gestalten. So in der Warenwelt die Produkte der menschlichen
Hand. Dies nenne ich den Fetischismus, der den Arbeitsproduk-
ten anklebt, sobald sie als Waren produziert werden, und der daher von der Warenproduktion unzertrennlich ist." (Vgl. Marx
1986, 86 f.) Schopenhauer hat diesen Vorgang in erkenntnistheo-
retischer Hinsicht bereits durchschaut. Zwar führt Schopenhauer
dieses Phänomen zurück auf subjektiven Trug und nicht wie
Marx auf das gesellschaftliche Apriori des Tauschvorgangs, doch
es verfolgt sein Vorgehen dasselbe Ziel: die Rückverwandlung
verdinglichter Denkgewohnheiten in Naturprodukte. Während

der Träger dieser *Natur* bei Marx allerdings die Gesellschaft ist, sieht Schopenhauer in ihr die schlichte Hirnmaterie.

Bei Schopenhauer nimmt die Raum, Zeit und Kausalität unterworfene Welt den Charakter eines Traumes an, der in chiffrierter Form eine tiefer gelegene Wahrheit über die Welt ans Licht befördert. Kant schon sonderte, meint Schopenhauer, „die unleugbare große ethische Bedeutsamkeit der Handlungen ganz ab von der Erscheinung und deren Gesetzen und zeigte jene als unmittelbar das Ding an sich, das innerste Wesen der Welt betreffend, wogegen diese, d.h. Zeit und Raum, und Alles, was sie erfüllt und in ihnen nach dem Kausalgesetz sich ordnet, als bestand- und wesenloser Traum anzusehn sind." (W I, 523)

An dieser Stelle berührt sich seine Willensmetaphysik mit der indischen Religion und Geisteswelt, aber auch mit Schwerpunkten der europäischen Mystik. Dort findet Schopenhauer das metaphysische und religiöse Bedürfnis des Menschen im Sinne seiner eigenen Lehre ausgesprochen. Denn anders als reine Hirnphysiologie oder die meisten anderen materialistischen Theorien eröffnen jene Lehren den Ausblick auf eine andere Ordnung der Dinge, als sie durch die Raum, Zeit und Kausalität unterworfene, den Gesetzen von Druck und Stoß gehorchende Materie repräsentiert wird. Dieser Glaube an eine andere Ordnung der Dinge als die physische ist für Schopenhauer gleichbedeutend mit dem Glauben an eine *Metaphysik*. Sie bildet das Fundament seiner Ethik, deren Hauptaufgabe es ist, den Egoismus zu besiegen. Aus Schopenhauers Einsicht, daß in einer wesentlich von Mangel und Leid beherrschten Welt der „Quäler und der Gequälte ... Eines" sind (s.u. Abschn. 7.3), gewinnt Max Horkheimer früh schon die Idee einer möglichen Solidarität aller Menschen. Somit fällt dem sozialkritischen Zug der Lehre Schopenhauers maßgebliche Bedeutung zu für die Ausbildung der Kritischen Theorie der Gesellschaft, wie sie in der ersten Hälfte des zwanzigsten Jahrhunderts von Horkheimer und Adorno in Frankfurt am Main erarbeitet wurde.

2. Schopenhauers Leben

2.1 Der Vater

Dort, wo Descartes und Spinoza wirkten, seien auch seine Wurzeln, nämlich in Holland, nicht in Deutschland. Aber Schopenhauer irrte. Über seine Abstammung wissen wir heute besser Bescheid als er selbst. Sein Großvater war Niederdeutscher. Die bis ins sechzehnte Jahrhundert zurückdatierbare Ahnentafel zeigt, daß die Vorväter Schopenhauers in kleinen Dörfern nahe Elbing, kaum 60 Kilometer südöstlich von Danzig, zunächst als Bauern und Landwirte auftraten. Im Jahr 1695 erwirbt erstmals ein Schopenhauer das Danziger Bürgerrecht.

Holländisches Blut kommt erst durch die im Jahr 1745 geschlossene Heirat von Andreas Schopenhauer (geb. 1720) mit Anna Renata Soermans in die Familie, der Tochter eines späteren holländischen Ministerpräsidenten in Danzig. Anna Renata neigt zu psychischer Instabilität. Der Biograph Gwinner notiert, daß sie auf mindestens zwei ihrer vier Söhne geistige Zerrüttung vererbt habe. (GW 4) Einer dieser Söhne war Arthurs Vater Heinrich Floris Schopenhauer (geb. 1747), „ein strenger heftiger Mann, aber von tadelloser Unbescholtenheit, Rechtlichkeit und unverbrüchlicher Treue, dabei in Handelsgeschäften mit vorzüglicher Einsicht begabt." (GBr, 648)

Heinrich Floris war vertraut mit der französischen und englischen Aufklärung und liebte vor allem die englische Lebensart. Weltmännische Bildung bezog Heinrich Floris nicht zuletzt aus der *Times*, die er abonniert hatte und zu deren Lektüre er auch seinen Sohn frühzeitig anhielt. Nachdem der polnische König Heinrich Floris den Hofratstitel verliehen hatte, ließ der Gentleman im Kaufmann es nicht zu, diesen auch zu führen. Seiner unbestechlichen Redlichkeit verdankte er es, daß ein Angebot Friedrichs des Großen, preußischer Untertan zu werden, ihn nicht zu locken vermochte. Er zog es statt dessen schweren Herzens vor, angesichts des gewandelten politischen Klimas Danzig zu verlassen, als 1793 der Preußenkönig Friedrich Wilhelm II. die Hafenstadt an der Ostsee seiner Herrschaft unterwarf. Das dem begüterten republikanischen Kaufmann eigene Freiheitsstreben gebot diesen Schritt.

Mit 38 Jahren heiratete Heinrich Floris die 18jährige Tochter des Danziger Ratsherrn Christian Heinrich Trosienen, Johanna Henrietta. Wäre es nach dem Willen des Vaters gegangen, so wäre Arthur Engländer geworden. Als das Paar im dritten Jahr seiner Ehe im Sommer 1787 eine Reise über Belgien nach Paris und anschließend nach London antrat, wußte Johanna noch nicht, daß sie schon im dritten Monat schwanger war. Nachdem dies dem Vater bekannt wurde, mutete er seiner Frau dennoch die Strapazen der Überfahrt von Calais nach Dover zu; der von Heinrich Floris erhoffte Sohn sollte das für einen Kaufmann damals bedeutende Vorrecht der englischen Staatsbürgerschaft genießen. In den unfreundlichen Novembertagen in London haben den Mann ernste Befürchtungen befallen, die ihn von einer Niederkunft seiner Frau in der Fremde absehen ließen. Im Dezember 1787 traten sie die Heimreise durch den beschwerlichen Winter an und erreichten am letzten Tag des Jahres wieder Danzig. Hier wird Schopenhauer am 22. Februar 1788 geboren. Sein Vater bestimmt nach kaufmännischen Gesichtspunkten den Namen Arthur für ihn, „weil dieser in allen Sprachen unverändert der nämliche bleibe." (Hasse, 33)

Arthur ist ein aufgewecktes Kind; er hat die schnelle Auffassungsgabe und Lebhaftigkeit des Geistes von der Mutter, die Schroffheit und Unbeirrbarkeit vom Vater geerbt. Das bequeme Haus in Danzig mit Garten und Obstbäumen bietet dem Jungen die nötige Bewegungsfreiheit.

Nachdem sich Preußen und Rußland 1793 auf weitere Annexionen polnischer Hoheitsgebiete geeinigt hatten und Danzig dem preußischen König zugesprochen worden war, verlor die Stadt ihre Freiheitsrechte. Noch bevor preußische Truppen einmarschieren, reist die Familie mit dem fünfjährigen Arthur in Eiltouren und unter finanziellen Einbußen nach Hamburg, wo sie ihre neue Heimat findet.

Schopenhauers Erinnerungen an dieses Hamburg, wo die Familie seit 1793 zum Entzücken Johannas lebte, die dort in vollen Zügen das gesellschaftliche Leben genoß, zeigen jedoch, wie ver-

Abb. 2: Landsitz der Familie Schopenhauer in Oliva bei Danzig

lassen und angsterfüllt er damals war. „Schon als sechsjähriges
Kind", erinnert er sich im Jahr 1833, „fanden mich die vom Spa-
ziergang heimkehrenden Aeltern eines Abends in der vollsten
Verzweiflung, weil ich mich plötzlich von ihnen für immer verlassen wähnte." (HN IV/2, 121) Den jungen Menschen quälen Ängste und eingebildete Krankheiten. Im neuen Wohnsitz, der nie
seine Heimat wurde, fühlt er sich vernachlässigt vom Vater und
ungeliebt von der Mutter.

Während diese ihre geselligen Talente ausbildet, indem sie mit
berühmten Zeitgenossen Plauderkreise im Hamburger Haus
pflegt – zu ihnen gehören der alte Klopstock, Reimarus, Lady
Hamilton und Nelson –, beschließt der Vater den Bildungsplan
für seinen Sohn. „Mein Sohn soll im Buche der Welt lesen!" (GW,
29) So erhält Arthur den in Patrizierfamilien üblichen Privatun-
terricht. Die Familie unternimmt im Sommer 1800 mit Arthur
und seiner inzwischen dreijährigen Schwester Adele eine dreimo-
natige Bildungsreise durch Deutschland; sie führt bis nach Prag
und Karlsbad. In ihm reift der Wunsch nach geistiger Arbeit. Weil
ihm das Reisen unvergeßlich geblieben ist, will der Vater ihn
schließlich durch List von seinen anspruchsvollen Plänen abbrin-
gen: Arthur soll wählen zwischen einer großen europäischen Ver-
gnügungsreise und dem sofortigen Eintritt in das Hamburger
Gymnasium, das ihm die Gelehrtenlaufbahn hätte ebnen können.

Abb. 3: Arthur Schopenhauer um 1802, Aquarell eines unbekannten Künstlers

Die Rechnung des Vaters, daß die Verlockung einer vergnüglichen Reise stets größer sei als die Aussicht auf ein brotloses Gelehrtendasein, geht zunächst auf. Schopenhauer tritt zum Frühjahr 1803 mit seinen Eltern die Reise an, diesmal ohne die kleine Adele. Die Reise führt über Amsterdam und den Haag, wo Schopenhauer die Kunstschätze der holländischen Meister sieht, über Calais nach Dover und schließlich nach London. Dort allerdings hinterläßt nicht in erster Linie der Reichtum und Fortschritt einer Weltmacht Spuren im Gemüt des Kindes, vielmehr sind es die verschiedenen Arten von Bettlern und Matrosen, fehlende Arme oder Beine, die ihm auffallen. Stätten der Armut und Stätten üppigen Wohlstands liegen in London dicht nebeneinander.

Im Herbst des Jahres 1803 ist er in Frankreich und erlebt hier Revolutionsgreuel. Abermals sind es die Gegensätze vom *Überfluß der Natur* und *menschlicher Armut*, die seine Erinnerung nachhaltig prägen. An der Schweiz mißfällt Arthur – außer der Natur – alles; in Österreich wird die Familie von bürokratischen Grenzbeamten geplagt; ebensowenig erfüllen Wien sowie die Wildnis von Böhmen und Mähren seine Erwartungen. Als sie im September 1804 in Berlin eintreffen, rufen wichtige Geschäfte den Vater sogleich nach Hamburg zurück.

„In meinem 17ten Jahre", erinnert sich Schopenhauer später, „ohne alle gelehrte Schulbildung, wurde ich vom Jammer des Lebens so ergriffen, wie Buddha in seiner Jugend, als er Krankheit, Alter, Schmerz und Tod erblickte. Die Wahrheit, welche laut und deutlich aus der Welt sprach, überwandt bald die auch mir eingeprägten jüdischen Dogmen, und mein Resultat war, daß diese Welt kein Werk eines allgütigen Wesens seyn könnte, wohl aber das eines Teufels, der Geschöpfe ins Daseyn gerufen, um am Anblick ihrer Quaal sich zu weiden: darauf deuteten die Data, und der Glaube, daß es so sei, gewann die Oberhand." (HN IV/1, 96) Es ist das *malum metaphysicum*, das dem Heranwachsenden hier vor Augen steht.

2.2 Die Lehre

1805 tritt Schopenhauer gewissenhaft an, sein Versprechen einzulösen, eine kaufmännische Ausbildung auf sich zu nehmen. Aber schon im April steigern sich die Geschäftssorgen des Vaters, und sein labiler Gemütszustand schlägt um in Mißtrauen und Ängste. Am Morgen des 20. April beendet ein Sturz aus dem Speicher seines Geschäftshauses in den Kanal das Leben des Heinrich Floris. Vieles deutet auf Selbstmord. Arthurs Seelenzustand erreicht einen Tiefpunkt. Gleichwohl, der Tod des Vaters ist eine Befreiung, eine Befreiung für Johanna und auch für Arthur. Während jedoch die Mutter das Geschäft ihres Gatten sofort auflöst und mit Adele Hamburg verläßt, um bald eine der angesehensten Damen im Kreis der Weimarer Klassiker, auch eine berühmte Schriftstellerin, zu sein, fällt Arthur die Loslösung von Heinrich Floris nicht so leicht. Ihn hält noch das Versprechen, das er dem Vater gab, und er setzt vorerst seine Kaufmannslehre beim Senator Jaenisch in Hamburg fort. Über seinen Tod hinaus bindet die Macht des Vaters den Jungen an sich.

Der noch nicht Zwanzigjährige lebt ohne familiäre Aufsicht in Hamburg. Tagsüber sitzt er in der Schreibstube bei seinem Lehrherrn, abends und am Sonntag besucht ihn hin und wieder sein in Le Havre gewonnener Freund Anthime Grégoire de Blésimaire.

In der freien Zeit besucht er Vorlesungen, beispielsweise über Schädellehre bei Franz Josef Gall (1758–1828). Der Arzt und Anatom versuchte die geistigen und seelischen Anlagen des Menschen im Gehirn zu lokalisieren und wollte sie an der Schädelform ablesen. Während seiner Vortragsreisen durch die deutschen Universitätsstädte hat auch Goethe ihn 1805 in Halle gehört; Schopenhauer dürfte Galls Vorlesung 1806 in Hamburg besucht haben, bevor dieser wegen seiner aufsehenerregenden und umstrittenen Physiognomie Deutschland verlassen mußte. In seinem Hauptwerk notiert Schopenhauer bündig über Gall: „Ich freilich habe am Anfang dieses zwanzigsten Kapitels (und zwar bereits in der früheren Auflage) gesagt: ‚Der größte Irrthum in Galls Schädellehre ist, daß er auch für moralische Eigenschaften Organe des Gehirns aufstellt.'" (W II, 312) Und an einer späteren Stelle nennt er Gall im Zusammenhang mit Cabanis, seinem wichtigsten Gewährsmann des französischen Materialismus: „Selbst Gall ist hier zu nennen; wenn gleich sein Hauptzweck verfehlt wurde. Unwissenheit und Vorurtheil haben gegen diese Betrachtungsweise die Anklage des Materialismus erhoben; weil dieselbe, sich rein an die Erfahrung haltend, die immaterielle Substanz, Seele, nicht kennt." (Ebd., 319)

Als Arthurs Mutter seinem Wunsch nach einem Berufswechsel nichts entgegensetzt, kündigt er im Mai 1807 dem Lehrherrn und reist zunächst nach Gotha, dann nach Weimar. Er nimmt Stunden in Latein und erobert sich weite Bereiche der Dichtkunst; antike Literatur studiert er als Autodidakt. In seinem Lebenslauf, den er 1819 seiner Bitte um Vorlesungsankündigung an den Dekan der Philosophischen Fakultät der Berliner Universität beifügt, bekennt Schopenhauer, daß er durch Fleiß und Disziplin, aber auch „von Wissensdurst getrieben", in zweieinhalb Jahren allen aus der früheren Versäumnis erwachsenen Schaden wiedergutgemacht habe. (GBr, 652 f.)

Die beiden Weimarer Jahre werden zu den wichtigsten seiner Reifezeit. Im März 1809 erhält der Einundzwanzigjährige endlich seinen Anteil am väterlichen Erbe von der Mutter ausbezahlt. Aber ihre Herzenskälte und Oberflächlichkeit machen ihm die Zeit in Weimar zunehmend unerträglich. Nur an Feiertagen darf er als Gast für wenige Stunden bei ihr sein. Unterkunft muß er in zwei möblierten Stuben in der Stadt nehmen.

Im Herbst 1809 ist Schopenhauer Student der Medizin an der Universität Göttingen. Er betreibt umfassende naturwissenschaftliche Studien und wechselt erst im zweiten Semester zum Studium der Philosophie. Gottlob Ernst Schulze (1761–1833), einer der frühen Kritiker der Transzendentalphilosophie Kants und Fichtes, rät ihm ein Semester später, sich ausschließlich dem Studium Platons und Kants zu widmen – damit sind die Weichen gestellt für Schopenhauers Lebenswerk.

Im Herbst 1811, nach vier Studiensemestern, geht Schopenhauer nach Berlin. Dort hört er Fichte, den er zunächst einen echten Philosophen und einen großen Geist nennt, aber bald darauf mit Geringschätzung und Spott versieht. (SL 58) In einer Randbemerkung zu Fichtes Vorlesung über die *Wissenschaftslehre* schreibt Schopenhauer in sein Kollegheft: „Vielleicht ist die richtige Lesart Wissenschaftsleere." (HN II, 29) Bei den Philologen Friedrich August Wolf und August Boeckh findet er größere gedankliche Klarheit. Unter anderem hört Schopenhauer in Berlin Vorlesungen über Experimentalchemie, über Magnetismus und Elektrizität, über Ornithologie, Amphibiologie und Ichthyologie und schließlich Poesie.

Gegen Ende seines Studiums tritt zum Idealismus Platons und Kants das zweite Grundelement seiner späteren Lehre hinzu: die reale Basis. „Wollen!" schreibt er auf einen Bogen von Kollegmitschriften, „großes Wort! Zunge in der Waage des Weltgerichts! Brücke zwischen Himmel und Hölle!" (HN I, 55) Die Irrationalität des metaphysischen Prinzips seiner Lehre ist hier erstmals in aller Deutlichkeit ausgesprochen. Der Wille, er ist keine Funktion des Denkens, sondern er teilt sich mit durch die Funktionen des Leibes. Durch den Leib vermittelt ist der Wille erkennbar. Das Denken indessen gehört zu den sekundären Erkenntnisfunktionen.

Abb. 4: Universität von Berlin 1840

Die Arbeit an seiner Dissertation *Über die vierfache Wurzel des Satzes vom zureichenden Grunde* beendet Schopenhauer 1813 in Rudolstadt. In Berlin zu bleiben schien ihm nach dem zweifelhaften Ausgang der Schlacht bei Lützen am 2. Mai 1813 nicht ratsam. Die nationale Bewegung der Deutschen ergreift ihn kaum, er spendet gerade einmal Geld für Freiwillige und deren Ausrüstung. (Vgl. Hasse, 33).

Im Oktober wird er für seine Doktorarbeit von der philosophischen Fakultät der Universität Jena *in absentia* promoviert. Unverzüglich gibt er das Buch in Druck. Zu den ersten, die es in Händen halten, gehören seine Mutter, die davon gar nichts versteht, und Goethe, der den großen Wurf des jungen Gelehrten sofort erkennt. Schopenhauer beschäftigt sich hier mit dem Gesetz der Kausalität. Nach vier sauber unterschiedenen Anwendungsweisen tritt das Kausalgesetz in unserem Denken auf, wie Schopenhauer nachzuweisen sucht. Es beherrscht unser Denken, aber es führt aus dessen Immanenz nicht heraus. Die sekundäre Erkenntnisfunktion *Denken* vermag den Grund des Seins kaum zu berühren. Vom Grund des Seins spüren wir im Denken nur einen schwachen Reflex, den wir mit den Motiven unseres Handelns umschreiben. Der Grund des Handelns allerdings ist ein letzter Grund, er läßt die Frage nicht mehr zu, wie der Grund des

Handelns zu begründen sei. So kündigt die Dissertation ein neues Verständnis von Metaphysik an, einer Metaphysik, die von einem Sein handelt, von dem wir nicht allein durch Denken Kenntnis haben, sondern primär durch die Gegenwart unseres Leibes.

Goethe interessiert sich besonders für die Verbindungen zwischen Schopenhauers Buch und seiner eigenen *Farbenlehre*. Er lädt den jungen Doktor im November 1813 zu sich ins Haus am Frauenplan ein. „Der junge Schopenhauer", schreibt er dann am 24. November an Knebel, „hat sich mir als einen merkwürdigen und interessanten jungen Mann dargestellt; Du wirst weniger Berührungspunkte mit ihm finden als ich, mußt ihn aber doch kennen lernen. Er ist mit einem gewissen scharfsinnigen Eigensinn beschäftigt ein Paroli und Sixleva in das Kartenspiel unserer neuen Philosophie zu bringen. Man muß abwarten, ob ihn die Herren vom Metier in ihrer Gilde passieren lassen; ich finde ihn geistreich und das übrige lasse ich dahingestellt." (GoeB III, 247)

Schopenhauer ist seinerseits voll der Bewunderung für Goethe. Doch mit fortschreitender Vertiefung in dessen *Farbenlehre* entwickelt sein „scharfsinniger Eigensinn" auch Vorbehalte gegenüber dem Dichter. Goethe, dem Schopenhauer diese Vorbehalte unverblümt mitteilt, zieht sich daraufhin enttäuscht zurück. Gleichwohl hat Goethes Anteilnahme an Schopenhauer dessen Entwicklung nachhaltig beeinflußt. Er zog Schopenhauer zu optischen Versuchen heran, machte ihn vertraut mit der pantheistischen Auffassung von der universalen Einheit alles Wirklichen, die ihn lehrte, im Einzelnen stets das Allgemeine zu sehen, und doch blieb ihm der unbequeme Kauz innerlich fremd.

Nicht weniger wichtig als Goethe wurde für die geistige Entwicklung Schopenhauers in Weimar die Nähe zu dem in Jena lehrenden Orientalisten Friedrich Majer (1772–1818). Majer vermittelte Schopenhauer Einblicke in das indische Altertum und in die tiefsinnige Mystik der *Veden*. Was Schopenhauer später in seinem Hauptwerk mit „Welt als Vorstellung, unterworfen dem Satze des Grundes" umschreibt, das entdeckt er als uralte Weisheit in den Schriften der Veden. „Es ist die Maja, der Schleier des Truges", schreibt Schopenhauer in seinem Hauptwerk *Die Welt als Wille und Vorstellung*, „welcher die Augen der Sterblichen umhüllt und sie eine Welt sehn läßt, von der man weder sagen kann, daß sie sei, noch auch, daß sie nicht sei: denn sie gleicht dem Traume, gleicht dem Sonnenglanz auf dem Sande, welchen der Wanderer von ferne für ein Wasser hält, oder auch dem hingeworfenen Strick, den er für eine Schlange ansieht." (W I, 34 f.)

Gleichwohl hält es Arthur in Weimar wegen gesteigerter Spannungen zwischen ihm und der Mutter nicht länger. Im Mai 1814 zieht er nach Dresden, wo ihm alle nötigen wissenschaftlichen Hilfsmittel und Kunstschätze in schöner Umgebung fruchtbares Schaffen versprechen. Der Bruch mit der Mutter ist dadurch endgültig vollzogen; beide werden einander nicht mehr wiedersehen. Gegenwärtig wird gleichwohl auch künftig der schroffe Gegensatz zu seiner Mutter sein: in seinem Verhältnis zu Frauen.

2.3 Der junge Privatgelehrte

Sein Erbteil aus dem Nachlaß des Vaters – auch wenn es mitunter schlecht verwaltet worden ist – erlaubt Schopenhauer, ohne wirtschaftliche Sorgen ein Gelehrtenleben zu führen. Sorgen bereiten ihm die Nachkriegsnöte. Dresden stand 1814 noch unter dem Schock der Belagerung. Ende August 1813 hatten französische Truppen die Stadt zwar vor dem Ansturm der Koalition verteidigt, den Krieg insgesamt aber hatte Frankreich verloren. Knappe Erntevorräte machen das Leben jetzt teuer; Schmutz und Verwahrlosung der Straßen und Parkanlagen prägen bei Schopenhauers Ankunft das Bild der Stadt. Die Arbeit am philosophischen Hauptwerk, das in jenen Jahren in seinen Grundzügen entsteht, wird jedoch von alldem nicht beeinträchtigt. Seine Antwort auf die politischen Fragen der Zeit und seine philosophischen Versuche der Versöhnung zwischen Natur und Sittlichkeit liegen in der zunächst noch vagen Vorstellung von einem „besseren Bewußtsein", die keimhaft seine spätere Ethik vorwegnimmt. „Ich aber sage", heißt es in seinem philosophischen Tagebuch aus den ersten Monaten des Jahres 1813, „in dieser Zeitlichen, Sinnlichen, Verständlichen Welt giebt es wohl Persönlichkeit und Kausalität, ja sie sind sogar nothwendig. – Aber das bessre Bewußtseyn in mir erhebt mich in eine Welt wo es weder Persönlichkeit und Kausalität noch Subjekt und Objekt mehr giebt." (HN I, 42)

1816 stellt er das Manuskript des Buches *Über das Sehn und die Farben* fertig. Es ist ein Nachhall der Auseinandersetzung mit

Goethe. Darin ergreift er zwar Partei für Goethe und gegen Newton, aber er verwirft Goethes Auffassung von der Realität des Lichts. Mit Goethe teilt er die Vorstellung von der Subjektivität des Farbeindrucks durch den Gedanken, daß die Farben nur im Auge ihren Sitz haben und daher auch von der physiologischen Beschaffenheit der Netzhaut bestimmt sind.

Im Frühjahr 1818 ist *Die Welt als Wille und Vorstellung* vollendet. Sofort richtet er ein Schreiben an den Verleger Friedrich Arnold Brockhaus. Schopenhauer stellt selbstbewußte Forderungen bei der Vertragsausfertigung; der Verleger willigt ein, und Anfang April ist der Vertrag abgeschlossen. Von diesem abweichende, kleinste Verzögerungen bei der Drucklegung duldet Schopenhauer nicht, so kommt es schnell zum Zerwürfnis mit Brockhaus.

Im Herbst 1818, noch vor dem Erscheinungstermin seines Werkes, reist Schopenhauer über Wien nach Italien. Nicht mit den Augen Goethes oder Winckelmanns, welche dort die Unschuld der Pflanzen, der Tierwelt und der Kulturschätze bewunderten, sondern mit den Augen, die in eine entzauberte Welt blicken, faßt er das Treiben in der Natur auf, hinter der sich kein guter Schöpfer verberge, sondern nackte Überlebenskämpfe. „Wer plötzlich in ein ganz fremdes Land oder Stadt versetzt wird", notiert Schopenhauer am 1. November 1818, „wo eine von dem seinigen sehr verschiedene Lebensweise, wohl gar auch Sprache herrscht, dem ist zuerst, wie dem der ins kalte Wasser gestiegen: ihn berührt plötzlich eine von der seinigen weit verschiedene Temperatur, er fühlt eine gewaltsame überlegene Einwirkung von außen, die ihn beängstigt." Schopenhauer fühlt sich zunächst wie in einem ihm fremden Element, er kann sich nur schwerfällig bewegen, und obendrein fürchtet er, „weil ihm alles auffällt, eben so allem aufzufallen". (HN III, 1 f.)

Daß er in Venedig nicht mit einem von Goethe erhaltenen Empfehlungsschreiben Lord Byron aufgesucht hat, das bereut Schopenhauer später aufs tiefste. Von Venedig reist er weiter nach Rom, Neapel, Paestum und Florenz. Seiner Schwester berichtet er in Briefen eingehend über ein venezianisches Liebesabenteuer; Hübscher vermutet, daß es wohl ein florentinisches gewesen ist. (SL 79)

Als er im Juni 1829 in Mailand eintrifft, ist das Danziger Bankhaus L. A. Muhl, das einen Teil seines Vermögens angelegt hatte, zusammengebrochen. Die Nachricht davon zwingt ihn zum sofortigen Abbruch seiner Italienreise. In den nächsten Monaten sorgt er sich um die Zukunft; sein Lebensunterhalt ist unsicher. Er hält es für ratsam, die akademische Laufbahn einzuschlagen, und schaut sich nach einer geeigneten Universität um. Seine Wahl fällt auf Berlin, vor allem deshalb, weil die Berliner Professorenschaft durch Fürsprache seiner alten Lehrer Johann Friedrich Blumenbach und Martin Lichtenstein sein Gesuch wohlwollend behandelt hat.

Er reicht sein *Curriculum vitae* ein und bereitet im Winter 1819/20 seine Habilitationsvorlesung *Über die vier verschiedenen Arten der Ursachen* vor. Im Verlauf seiner Probevorlesung am 23. März 1820 vor versammelter Fakultät in Berlin kommt es zum Zusammenstoß mit Hegel. Schopenhauer setzt sich ihm gegenüber durch und wird habilitiert.

Vierundzwanzig Semester gehört Schopenhauer der Berliner Universität an, aber nur während eines einzigen Semesters tritt er dort als Professor auf. Grund hierfür ist der Umstand, daß Schopenhauer ausdrücklich seine Vorlesung im Sommersemester 1820 zu jener Stunde halten wollte, in der auch Hegel vor einem großen Hörerkreis las. Für Schopenhauers sechsstündige Vorlesung, die *Die gesamte Philosophie, d. i. die Lehre vom Wesen der Welt und von dem menschlichen Geiste* behandelte, fand sich daher nur eine bescheidene Anzahl von Zuhörern ein, die Mehrheit blieb bei Hegel. Eine weitere Vorlesung ist aus Mangel an Hörern nicht zustande gekommen. Schopenhauers akademische Laufbahn findet so bereits ein Ende, ehe sie richtig begonnen hat. Nach einer Weile verfolgt er die Möglichkeit einer Berufung nach auswärts, doch bleibt seine akademische Laufbahn erfolglos. Glücklicherweise trägt er 1821 einen Sieg aus den Verhandlungen mit dem ruinierten Bankhaus davon und erhält seine Forderungen ausbezahlt.

Der Mißerfolg seiner Lehrtätigkeit in Berlin wird begleitet vom öffentlichen Desinteresse an seinem großen Buch. Bis zum Februar 1820 waren noch keine hundert Exemplare verkauft, und die Rezensionen ließen wenig Umsatz für die kommenden Jahre erwarten. Hinzu kamen Umstände der Berliner Umgebung – Lage, Klima, Menschen, soziale Verhältnisse. Zu erwähnen ist ferner ein unbedeutender, aber folgenreicher Zwischenfall mit der Berliner

Näherin Caroline Louise Marquet. Die Frau hielt sich mit zwei Freundinnen am 12. August 1821 in einem Vorzimmer zu Schopenhauers Wohnung auf, dessen Nichtbenutzung dieser sich vertraglich gesichert hatte. Mehrfache Aufforderungen seinerseits hatten die Näherin nicht zum Verlassen des Vorraums bewegen können. Da zerrte Schopenhauer sie mit eigenen Händen vors Haus. Vor Gericht machte Marquet aber geltend, sich bei diesem Vorfall verletzt zu haben, und Schopenhauer unterlag dem Rechtshandel in allen Instanzen. Der Prozeß quälte ihn über Jahre hindurch.

Im Mai 1822 reist Schopenhauer noch einmal nach Italien. Diesmal findet er die Fremde gar nicht beängstigend, selbst das Lästige, Widrige, Unbequeme wird als ein alter Bekannter begrüßt, das Gute weiß er zu finden und versteht es zu genießen.

„Das heiterste Logi von der Welt und sehr bequem: viel Bekanntschaft besonders mit Fremden die auch eben dort ihr Leben genießen meistens Engländer, dabei doch noch einiger Musendienst, machten mein Leben so genußreich als möglich. Ich war so gesellig wie lange nicht; kam sogar in die große und mitunter in die vornehme Welt, und merkte allmälig einen solchen Zuwachs von Erfahrung und Menschenkenntniß, daß ich jene Zeit für sehr nützlich zugebracht halte. Sehn und Erfahren ist so nöthig als Lesen und Lernen. Besonders deutlich ist es mir geworden, wie jämmerlich das Leben der Vornehmen in der Nähe ist, und wie die Langeweile sie martert, trotz aller Gegenanstalten. Die Florentiner Kunstwerke habe ich recht mit Muße studirt, und das Italiänische Volk hat mir viel Stoff zu Bemerkungen gegeben. Es war eine schöne Zeit, an die ich stets mit Freuden zurückdenken werde." (GBr, 91 f.)

Bei seiner Rückkehr im Mai 1824 nach Deutschland wird er fast ein ganzes Jahr in München festgehalten, wo ihn lange verschiedene Krankheiten plagen und Kuren in der Nähe Abhilfe schaffen sollen. Erst im September 1824 gelangt er noch einmal nach Dresden. Im April des folgenden Jahres ist er wieder in Berlin, wo er noch bis zum Herbst 1831 bleiben wird. Auf der Flucht vor der Cholera begibt er sich im Winter nach Mannheim, im Jahr darauf reist er nach Frankfurt am Main.

2.4 Endgültige Bleibe

In den Jahren seines Scheiterns an der Universität und all seiner Bemühungen um wissenschaftlichen Einfluß werden auch seine persönlichen Beziehungen flüchtiger und belangloser. (SL 98) Sein Umzug nach Frankfurt, wo er sich endgültig im Juni 1833 niederläßt, markiert den Beginn einer Zurückgezogenheit. Diesen beinahe 28 Jahre währenden letzten Lebensabschnitt verbringt Schopenhauer gleichwohl als ein Mensch, der seine Lebensbestimmung gefunden und angenommen hat.

„Ich lebe als Einsiedler", schreibt er im Mai 1835 an Carl Wilhelm Labes, „ganz und gar nur mit meinen Studien und Arbeiten beschäftigt." (GBr, 142) Verbindungen zu seinem früheren Leben reißen allmählich ab. Und nach dem Tod seiner Mutter im April 1838, die ihn mehrfach enterbt hatte, sind es nur noch wenige Briefe, die er mit der Schwester – sie starb 1849 – über sachliche Belange wechselt. Sich mit dem Zeitgeist einzulassen kommt ihm vor wie Prügelei, und was er mit Menschen zu verhandeln hat, gerät ihm leicht zum Wortgefecht. Die härtesten Worte findet er für die Philosophieprofessoren an deutschen Universitäten, allen voran Hegel und Herbart; Schelling, vor allem dessen Naturphilosophie, schätzt er zuweilen maßvoller ein. Er freut sich, wenn zeitgenössische Darstellungen der Geschichte der Philosophie seinen Namen erwähnen oder wenn man von der Züricher Universität berichtet, an ihr bezeichne man seine Philosophie „als stark idealistisches Gegengewicht sehr passend und dienlich" gegen die vielen kursierenden Materialismen. (GBr, 394) Es sind wenige Menschen, die an seiner Philosophie aufrichtig interessiert sind, unter ihnen der Berliner Philosoph und Privatgelehrte Julius Frauenstädt (1813–1879) und der Advokat Johann August Becker (1803–1881) – Schopenhauer nennt sie liebevoll „Apostel". Nur hier kann man von einem freundschaftlichen Umgang miteinander sprechen.

Zumeist überwiegt der Groll, den er gegen die Philosophieprofessoren hegt und gegen die Vertreter des populären Materialismus, namentlich Büchner, Vogt und Moleschott. Deren Bücher erleben in kürzester Zeit größte Auflagen, während an seinem Werk noch immer kaum ein Mensch Interesse zeigt. „Welches Scheißvolk das deutsche Publikum" ist, schreibt er im November

1855 an Frauenstädt, „ist daraus ersichtlich, daß nicht nur Vogts Broschüre, sondern jetzt auch das in jeder Hinsicht nichtswürdige Buch des Büchner, in 6 Monaten die dritte Auflage erlebt hat." (GBr, 377)

In den ersten Frankfurter Jahren entsteht die ebenfalls von der akademischen Welt wenig beachtete Schrift *Über den Willen in der Natur*, die er 1836 veröffentlicht und worin er die neuesten Erkenntnisse zumal der Physiologie als Bestätigung seiner Willenslehre auslegt. Es ist seit neunzehn Jahren das erste Werk, das er der Öffentlichkeit anvertraut. Schon die Einleitung verteufelt die „Hegelsche Mystifikation" als „Philosophie des absoluten Unsinns" und setzt seine eigene Lehre als „Philosophie der kommenden Zeit" (WiN, 205) ein. Seinen in zwanzig Jahren aufgestauten Groll gegen die Universitätsphilosophie kann er weniger denn je verbergen. Den Philosophiestudenten erteilt er den Rat, „keine Zeit mit der Kathederphilosophie ... (zu) verlieren." (WiN, 199)

Indes wird Schopenhauers Stimme jetzt erstmals vernommen. Zum einen führt sein ausführliches Schreiben vom August 1837 an die Professoren Schubert und Rosenkranz mit der Bitte, dem Neudruck der Kantischen *Kritik der reinen Vernunft* die erste Ausgabe von 1781 zugrunde zu legen, zum Erfolg. Zum anderen erfährt er erstmals öffentliche Anerkennung durch die Königlich Norwegische Gesellschaft der Wissenschaften zu Drontheim. Diese hatte im April 1837 in der *Halleschen Literaturzeitung* die Preisfrage gestellt: *Läßt die Freiheit des menschlichen Willens sich aus dem Selbstbewußtsein beweisen?*

Ohne zu zögern begibt Schopenhauer sich an die Beantwortung der Frage und reicht noch vor Jahresende eine seiner glänzendsten Abhandlungen bei der Königlich Norwegischen Sozietät der Wissenschaften zu Drontheim ein. Seine Willensmetaphysik läßt die These einer Freiheit des Willens nicht zu, und Schopenhauers Schrift überzeugt die Jury der Sozietät. Noch ehe er die mit Ungeduld erwartete Auszeichnung erhält – eine Medaille –, hat er die Beantwortung einer zweiten, diesmal von der Königlich Dänischen Sozietät der Wissenschaften gestellten, Preisfrage in Angriff genommen.

Im Mai 1838 hatte diese Akademie ebenfalls in der *Halleschen Literaturzeitung* eine Preisaufgabe ausgeschrieben mit dem umständlichen Titel: *Ist die Quelle und Grundlage der Moral zu suchen in einer unmittelbar im Bewußtsein liegenden Idee der Moralität und in der Analyse der übrigen aus dieser entspringenden moralischen Grundbegriffe oder aber in einem anderen Erkenntnisgrund?* Schopenhauer schickt seine Antwort mit der Abhandlung *Über die Grundlage der Moral* nach Dänemark und vermerkt im Begleitschreiben, um diesmal längere Wartezeiten zu vermeiden: „Von dem errungenen Sieg bitte ich mich alsbald durch die Post benachrichtigen zu wollen. Den mir zuerkannten Preis aber hoffe ich, da wir hier einen Königlich Dänischen Gesandten haben, auf diplomatischem Wege von Ihnen zugeschickt zu erhalten." (GBr, 675)

In Dänemark aber entschied man anders als in Norwegen, und Schopenhauer quittiert diesen Bescheid mit einem entsprechenden Untertitel zu einer der beiden 1843 veröffentlichten Abhandlungen: *Die beiden Grundprobleme der Ethik, behandelt in zwei akademischen Preisschriften.* Auf dem Titelblatt der ersten lautet es ausdrücklich: „gekrönt zu Drontheim, am 26. Januar 1839", auf dem der zweiten aber nur: „nicht gekrönt zu Kopenhagen, den 30. Januar 1840." Auch dieses Buch findet kaum Leser, und Schopenhauer ist abermals allein mit seinen „Aposteln" und „Evangelisten".

In den Jahren 1840–1843 stellt Schopenhauer den lange geplanten Ergänzungsband zur *Welt als Wille und Vorstellung* fertig. Der Philosoph bietet die 50 Kapitel im Mai 1843 dem früheren Verleger Brockhaus an. In langen und schwierigen Verhandlungen kommt der Kontrakt zustande, der Schopenhauer zwar keine Kosten verursacht, aber auch kein Honorar in Aussicht stellt. Und selbst das neue Gesicht des alten Werkes kann „den Widerstand der stumpfen Welt" nicht brechen. (SL 112)

Der alternde Denker richtet sein Leben nach festen Grundsätzen ein und nutzt seine Zeit nach einer streng geregelten Tageseinteilung. Die ersten Morgenstunden widmet er der produktiven Arbeit. Seine Gesundheit erhält er sich durch entsprechende Hygiene und regelmäßige Spaziergänge mit seinem Pudel. Der Anspruchslosigkeit in persönlichen und alltäglichen Dingen entspricht der hohe Anspruch an die geistige Umgebung, die er im beständigen Umgang mit den bedeutenden Autoren der Weltphilosophie und Weltliteratur findet.

In seinen späten Jahren kommt zum Schmuck in seinem Arbeitszimmer, den Bildnissen von Descartes, Kant, Goethe und Shakespeare, eine vergoldete Statuette Buddhas hinzu. Daß sein stetiger Lebensgenosse, sein Pudel, auch den Namen *Âtma* führt, was soviel bedeutet wie *Weltseele*, unterstreicht Schopenhauers Auffassung von der Unhaltbarkeit des jüdisch-christlichen Dogmas vom Wesensunterschied zwischen Mensch und Tier. Die gemeinsame Natur von Kunst und Wissenschaft betont der Philosoph mit täglichem Flötenspiel in der Stunde vor dem Mittagstisch im *Englischen Hof*. (Hasse 1926, 53) Beim Mittagstisch selbst erfahren Tischgenossen hin und wieder Kostproben seines geistreichen Witzes, aber sie erleben auch den zurückgezogenen Gelehrten, der die Berührung mit den öffentlichen Angelegenheiten meidet.

Ein französischer Autor hat ihn im *Englischen Hof* einmal gesehen. Schopenhauer „haßte die eitlen Wortgefechte", schreibt dieser Beobachter, „dafür aber wußte er umsomehr den Reiz eines gründlichen und geistvollen Gesprächs zu würdigen." Voll Witz und geistreicher Einfälle, vor allem von seltener Klarheit sollen seine Gespräche gewesen sein. Der englische Autor nennt ihn einen „Zeitgenossen Voltaires, Diderots, Helvetius' und Chamforts." (Hasse 1926, 54)

Im letzten Jahrzehnt seines Lebens ist Schopenhauer ein berühmter Philosoph. Neben der Herausgabe von Neuauflagen früherer Werke und ihrer Ergänzungen entstehen in den Jahren 1844 bis 1850 ergänzende und vertiefende Abhandlungen und Betrachtungen zu seiner Lehre, die er 1851 unter dem Titel *Parerga und Paralipomena* publiziert. „Ich bin wirklich froh", schreibt er im Oktober 1850 an Frauenstädt, „die Geburt meines letzten Kindes noch zu erleben, womit ich meine Mission auf dieser Welt vollbracht sehe. Wirklich fühle ich jetzt eine Last, die ich seit meinem 24. Jahre getragen und schwer gespürt habe, von mir genommen. Das kann sich Keiner denken, wie es ist." (GBr, 251)

Eine merkwürdige Anteilnahme des alternden Schopenhauer am Okkultismus des neunzehnten Jahrhunderts scheint seiner Forderung nach Aufklärung entgegenzustehen. Der aufgeklärte Gelehrte begegnet der Gewohnheit des Tischrückens und dem „animalischen Magnetismus" mit lebhaftem Interesse, aber auch ernsthaftem wissenschaftlichem Verständnis. Er versucht diesen

Abb. 5: Englischer Hof und Goldene Kette in Frankfurt am Main

Phänomenen eine Bestätigung seiner Lehre abzugewinnen; denn sie weisen darauf hin, daß die Welt nicht gänzlich dem Satz vom Grund unterworfen ist.

Mehrfach ist er bemüht, einer okkulten Sitzung beiwohnen zu dürfen, bis er an seinem 66. Geburtstag Frauenstädt endlich folgendes berichten kann: „An meinem Geburtstag kam Mancherlei. Erstlich Kilzer, mir feierlich zu gratulieren. Zugleich brachte er mir die Botschaft, daß es ihm gelungen war, eine ganz *unfehlbare* Tischrückerei für mich zu veranstalten." Er berichtet von anderen Gratulanten und zuletzt: „Aber jetzt zur Unterwelt und ihrem finstern Treiben! ... Das besagte Tischrücken wurde von mir und einigen Gelehrten vor einer jungen, überaus kindlichen, offenherzigen und liebenswürdigen jungen Frau ganz allein vollzogen, welche dazu die Begabung hat: es gieng nach zwei Minuten. Der Physiker Wagner behauptete fortwährend, es sei mechanisch. Auch ist es schwer zu entscheiden; da er mechanisch das Selbe leistete. Aber während zweistündiger Versuche habe ich mich überzeugt, daß es seine Richtigkeit damit hat. Der Unterschied ist sichtbar, wiewohl fein. Mir ist jetzt noch eine andere Gelegenheit versprochen." (GBr, 332f.)

Am 21. September 1860 stirbt der zweiundsiebzigjährige Schopenhauer an einem „Lungenschlag", wie sein Arzt feststellt. Erst am 26. September findet die Beerdigung statt. Auf der schweren Granitplatte seines Grabes auf dem Frankfurter Hauptfriedhof liest man nur seinen Namen: Arthur Schopenhauer.

Abb. 6: Bleistiftzeichnung von Wilhelm Busch

3. Grundmauern des philosophischen Gedankens

3.1 Zwischen Materialismus und Idealismus

Schopenhauers Philosophie ist von Anfang an eine Absage an selbstverständlich hingenommene fundamentale philosophische Wahrheiten. Als Fundament der Philosophie im frühen neunzehnten Jahrhundert galt das selbstbewußte Ich. In ihm konstituierte sich die Einheit des Bewußtseins. Descartes hatte das *cogito ergo sum* – ich denke, also bin ich – in die Philosophie der Neuzeit eingeführt. Kant lieferte dem Idealismus des achtzehnten Jahrhunderts mit der Rede vom *Ich, das alle meine Vorstellungen muß begleiten können*, das entscheidende Stichwort. Hegel schließlich führte diese Entwicklung zu einem Abschluß, indem er der Forderung, die *Substanz* müsse *Subjekt* werden, zum Programm seiner Philosophie erklärte.

Dieses Selbstbewußtsein im denkenden Ich, in dem die Philosophie des Idealismus unser Wissen von uns selbst und von der Welt überhaupt begründet sah, ist Schopenhauer von Anfang an verdächtig. Er hegt den Verdacht, daß der menschliche Verstand unumstößliche Wahrheiten aus sich hervorbringe, die er im Anschluß daran so behandele, als seien sie der materielle Seinsgrund der Welt selbst. In Hegels Idealismus, worin die Entwicklung der „absoluten Idee" zum Bewußtwerden ihrer selbst nachgezeichnet ist, sieht Schopenhauer dieses Vorgehen auf die Spitze getrieben.

Aber auch das Fundament des mechanischen Materialismus – die ausgedehnte und undurchdringliche Materie – ist Schopenhauer verdächtig. Eine absolute Größe stelle auch die mechanische Materie nicht dar, wie Schopenhauer mit Verweis auf ihre Bedingtheit durch die reinen Anschauungsformen Raum und Zeit betont. Sie ist für Schopenhauer nicht weniger als das denkende Ich vom Subjekt konstituiert.

Somit baut Schopenhauer eine doppelte Front auf. Einerseits wendet sich seine Philosophie gegen den Idealismus, andererseits gegen den mechanischen Materialismus. Dabei geht er so vor, daß er die Unzulänglichkeiten des Materialismus mit den Argumenten Kants entlarvt, während er zum Aufzeigen der erkenntnistheoretischen Begrenztheit des Idealismus vereinzelt Positionen des Materialismus bezieht. Sehr bald kommt Schopenhauer zu dem Ergebnis, daß sich die erkenntnistheoretischen Voraussetzungen von mechanischem Materialismus und Idealismus nicht wesentlich voneinander unterscheiden. In beiden Fällen erzeugen die subjektiven Leistungen der Sinnlichkeit und des kategorialen Apparates der Erkenntnis das Einheit stiftende Prinzip aus eigener Kraft. Während der Idealismus der Welt vereinheitlichende Strukturen wie „Vernunft" und „Logos" unterlegt, überträgt der mechanische Materialismus die reinen Formen der Anschauungen auf das Wesen der Dinge. Als „reine Formen der Anschauung" hatte Kant Raum und Zeit bezeichnet. Gemeinsam mit dem Gesetz der Kausalität sowie anderen Kategorien gehören sie dem Erkenntnissubjekt an, nicht dem Objekt. Die Einheitlichkeit der Welt wird hierbei von subjektiver Seite aus begründet. Für Schopenhauer ist damit die Frage nach dem Einheit stiftenden Prinzip noch nicht befriedigend beantwortet. Sein Denken zielt auf eine völlig neue Antwort auf diese Frage. Dabei entdeckt er die klassische Frage nach der Arché erneut.

Für die vorsokratischen Naturphilosophen war die Arché das stoffliche Prinzip der Welt, unter dem sie jedoch nicht immer eine solide und ausgedehnte Materie verstanden hatten. Daher beinhaltet die Vorstellung des Thales, alles komme aus dem Wasser, oder die des Anaximenes, der in der Luft die Arché aller Dinge erblickte, nicht weniger Demokrits Vorstellung, es müßten die Atome und der leere Raum das Prinzip der Welt sein, keine Aussage über die chemische Zusammensetzung oder die physikalische Beschaffenheit der Welt. Gemeinsam ist diesen Vorstellungen aber die metaphysische Annahme über das Einheit stiftende Prinzip der Welt. Unser Denken nötigt uns, zu der unendlichen Mannigfaltigkeit empirischer Phänomene eine einheitliche Basis hinzuzudenken. Kennzeichnend für frühes materialistisches Denken ist es, daß es eine bestimmte Eigenschaft jener empirischen Phänomene – die Feuchtigkeit, die Flüchtigkeit, die Festigkeit mancher Stoffe, um bei den antiken Beispielen zu bleiben – von dem besonderen Fall *einer* Wahrnehmung ablöst und zum *allgemeinen* Wesen der Welt erklärt, die jeder anderen Wahrnehmung zugrunde liegen soll. Die Gewohnheit und andere Feinde der Wahrheit bewirken, daß bald nur noch schwer zu sagen ist, welcher Teil der Erkenntnis vom menschlichen Intellekt und welcher aus der davon unabhängigen Welt stammt.

Die Frage, was in unserer Erkenntnis objektiv und was darin subjektiv sei, bestimmt Schopenhauers Denken maßgeblich. „In unserm Kopfe nämlich", schreibt der reife Philosoph rückblickend, „entstehn, nicht auf innern, – etwan von der Willkür, oder dem Gedankenzusammenhange ausgehenden, – folglich auf äußern Anlaß, Bilder. Diese Bilder allein sind das uns unmittelbar Bekannte, das Gegebene. Welches Verhältniß mögen sie haben zu Dingen, die völlig gesondert und unabhängig von uns existirten und irgendwie Ursache dieser Bilder würden? Haben wir Gewißheit, daß überhaupt solche Dinge nur dasind? und geben, in diesem Fall, die Bilder uns auch über deren Beschaffenheit Aufschluß? – Dies ist das Problem, und in Folge desselben ist, seit 200 Jahren, das Hauptbestreben der Philosophen, das Ideale, d. h. Das, was unserer Erkenntniß allein und als solcher angehört, von dem Realen, d. h. dem unabhängig von ihr Vorhandenen, rein zu sondern, durch einen in der rechten Linie wohlgeführten Schnitt, und so das Verhältniß Beider zu einander festzustellen." (P I, 11)

Voraussetzung für das kritische Unternehmen Schopenhauers ist die Unterscheidung zwischen Wesen und Erscheinung. Die verschiedenen Schulen des traditionellen philosophischen Idealismus und Materialismus unterscheiden sich vor allem dadurch voneinander, daß sie jeweils andere Antworten auf die Frage nach dem den Erscheinungen zugrunde liegenden Wesen bereithalten. Für materialistische Theorien sind es zumeist die seit Demokrit angenommenen unsichtbaren, kleinsten Substanzteilchen, die Atome. Ihre Bewegungsgröße wird auf Druck und Stoß zurückgeführt und nach geometrischen Gesetzen in der Mechanik bestimmt. Diese geometrisch bestimmbaren Atome bilden im mechanischen Materialismus das Gemeinsame aller besonderen Gestalten der sichtbaren Welt. Hierbei wird davon abgesehen, daß das Wissen von den Atomen oder anderen wesentlichen Substanzen der Welt niemals unmittelbar zustande kommt, sondern immer auch von Denkoperationen begleitet wird. Deshalb haben idealistische Theorien das Denken selbst oder seine wesenhaften Bestimmungen als das allen Erscheinungen zugrunde liegende

Prinzip erkennen wollen. Sie brachten dadurch Vorstellungen vom Geist, vom Pneuma – einer luftartigen Substanz –, von der Weltseele, vom Nous und anderes hervor, von dem sie annahmen, daß sie allen Dingen gemeinsam seien. Eine frühe Vorstellung des im reinen Denken anzutreffenden Wesens der Welt ist auch die erstmals von Pythagoreern vorgebrachte These, alles sei Zahl.

Für Schopenhauer unterscheiden sich diese Theorien nicht wesentlich voneinander. Sie beruhen alle auf dem Fundament einer durch mehr oder weniger gesteigerte Denkleistungen vermeintlich gewonnenen Wahrheit. Denkleistungen jedoch fügen sich geradezu jedem egoistischen Zweck des Menschen. Ihrem Anspruch, Wahrheit hervorzubringen, begegnet Schopenhauer mit größter Skepsis. Gleichwohl zielt gerade seine Philosophie auf objektive Erkenntnis des Rätsels der Welt. Die traditionellen Konzepte des Materialismus und Idealismus verfehlten allerdings dieses Ziel.

Vor allem das Wort *Materie* nötigt den Verstand zur Annahme einer soliden, festen Substanz als der Grundlage der Welt. Schopenhauer war es gelungen, mit den Waffen des subjektiven Idealismus im Anschluß an Berkeley (1685–1753) und Kant, den Glauben des mechanischen Materialismus an ein körperliches Sein zu entkräften. Ausgehend von physiologischen Einsichten der französischen Aufklärung, die alle Seelenzustände aus Funktionen der menschlichen Physiologie ableitete, und einer physiologisch unterbauten Auslegung der Kantschen *Transzendentalen Ästhetik* – jenem „Diamant in Kants Krone" (WiN, 193) – setzt er die *undurchdringliche* und *unzerstörbare* Materie zum bloßen „Hirnphänomen" herab. Demzufolge können die Grundsätze der Philosophie des mechanischen Materialismus so wenig wie die Aussagen der Theologie über einen *allmächtigen* Schöpfer eine Aussage über die an sich seiende Welt enthalten. Sie kennzeichnen allenfalls die Voraussetzungen, mit welchen unsere Erkenntnisse immer schon vorbelastet sind.

Auskünfte von Materialisten und Mechanizisten wie Büchner, Vogt, Moleschott und Helmholtz in der Mitte des neunzehnten Jahrhunderts, Kraft sei die unabtrennliche Eigenschaft des Stoffes (Moleschott) oder alle Natur sei den Gesetzen der Mechanik unterworfen (Helmholtz), beinhalten nach dem Gesagten keine Wahrheit über das materielle Prinzip der Welt. Idealismus hingegen – wenn er konsequent durchgeführt werde – sei zumindest in der Lage, sich Rechenschaft abzulegen über die Leistungsfähigkeit des Erkenntnisapparates. Einer transzendentalen Behandlung dieser Frage, wie sie Kants Idealismus vorgelegt hatte, schließt sich Schopenhauer zunächst an. Dabei werden die Bedingungen der Möglichkeit der Erkenntnis eines Einheit stiftenden Prinzips zuletzt auch als die Bedingungen seiner Existenz ausgewiesen. (Vgl. *KrV* B 24) Diesen Vorzug billigt Schopenhauer dem Idealismus zu. Der mechanische Materialismus indessen reflektiert nicht über die Beteiligung des Erkenntnisvermögens beim Zustandekommen einer Erkenntnis und setzt die Denkinhalte vorschnell als Inhalte der vom Denken unabhängigen Welt.

Die Frage nach einer *absoluten* Wahrheit stellen Theologie und Naturwissenschaften gleichermaßen. Für das achtzehnte Jahrhundert spricht Leonhard Euler, aus dessen *Briefen an eine deutsche Prinzessin* Schopenhauer hier und an anderen Stellen zitiert, dieses Desiderat und damit die erkenntnistheoretische Hauptströmung naturwissenschaftlichen Denkens aus. (Vgl. Euler, 109) Dort heißt es: „Ich glaube daher, daß diese Empfindungen noch etwas mehr enthalten, als die Philosophen sich einbilden. Sie sind nicht bloß leere Wahrnehmungen von gewissen im Gehirne gemachten Eindrücken; sie geben der Seele nicht bloß Ideen von Dingen, sondern sie stellen ihr auch wirklich Gegenstände vor, die außer ihr existiren, ob man gleich nicht begreifen kann, wie dieses eigentlich zugehe."

Die Lehre von der Erkennbarkeit einer positiven, absoluten Wahrheit gehört ursprünglich weniger zum naturwissenschaftlichen Denken. Sie hat ihren Ursprung in der Theologie. Von vornherein war daher schon der katholischen Orthodoxie die transzendentale Fragestellung Kants unannehmbar. An dieser Haltung hat sich bis heute nichts geändert. Noch in der *Enzyklika Fides et Ratio* von 1998 lautet es im Einklang mit den Worten des Physikers Leonhard Euler im Gegensatz zum „verbreiteten Mißtrauen gegen die umfassenden und absoluten Aussagen", daß „die Wahrheit ... das Ergebnis ... der Anpassung des Verstandes an die objektive Wirklichkeit" ist. Der Papst rät daher den „christlichen und nichtchristlichen Philosophen ..., in die Fähigkeiten der menschlichen Vernunft zu vertrauen und sich bei ihrem Philosophieren nicht zu bescheidene Ziele zu setzen." (Enzyklika, 60)

Seit der Kirchenvater Aurelius Augustinus die christliche Religion mit *der* Wahrheit in einer *religio vera* vereinigt hatte, führte dies immer wieder zu heftigen Auseinandersetzungen um die Frage einer *natürlichen* Wahrheit. Für Schopenhauer eröffnet sich daher eine doppelte Front, die sich gegen den Anspruch auf absolute Wahrheit sowohl in der Theologie als auch in den Naturwissenschaften richtet. Wie kaum eine andere Philosophie macht es Schopenhauers Standpunkt sichtbar, daß jene Aussagen weniger einer Wahrheit dienen als vielmehr den vordergründigen Zwecken des Machterhalts. Statt sich im Besitz letzter Wahrheiten zu wähnen, rät Schopenhauers Philosophie zur Redlichkeit im Denken und zum sparsameren Umgang mit dem Wort Wahrheit.

Wie läßt sich überhaupt sinnvoll bestreiten, daß den Produkten der Denktätigkeit ein ebensolcher Gegenstand in der vom Denken unabhängigen Wirklichkeit entspreche? Was kann Schopenhauer jenem naiven Realismus entgegenhalten, der sich auf den unerschütterlichen Glauben stützt, daß Sinnesempfindungen „wirkliche Gegenstände" vorstellen, „die außer ihr existieren"? Was kann er jenen entgegenhalten, die von *absoluter Wahrheit* sprechen, aber doch nur die Unumstößlichkeit des jeweils eigenen Glaubensbekenntnisses meinen? (W I, 31) Seine Doktordissertation antwortet auf die Frage nach der Übereinstimmung der Inhalte des Verstandes mit der objektiven Wirklichkeit, indem sie einen scharfen Angriff führt auf das scheinbar alles verbindende Kausalgesetz. Das Buch wird so zum Fundament seiner ganzen Lehre und verdient eine ausführliche Betrachtung.

3.2 Einheit stiftendes Prinzip

Schopenhauers Doktordissertation *Über die vierfache Wurzel des Satzes vom zureichenden Grunde* legt diejenigen Strukturen des kausal denkenden Verstandes frei, die dafür verantwortlich sind, daß aus Gedanken real existierende Dinge für uns werden. Die Dissertation ist wesentlich Kritik an den verdinglichenden und ideologiebildenden Momenten philosophischen Denkens. In seinem Vorgehen stellt Schopenhauer die erkenntnistheoretischen Positionen der Theologie wie auch des mechanischen Materialismus der neuzeitlichen Naturwissenschaften unmittelbar nebeneinander. Sie werden beide vom Standpunkt des transzendentalen Idealismus aus, den Schopenhauer zunächst einnimmt, ihrer Unzulänglichkeit überführt. Unzulänglich sind sie, weil sie vorgeben, vom Wesen der Welt zu handeln, tatsächlich aber in Denkstrukturen gefangen bleiben. Sowohl Theologie als auch Naturwissenschaften haben sich Schopenhauer zufolge gar nicht von der durch Denken vermittelten Welt entfernt und deren Wesen zugewandt.

Eine Untersuchung des Satzes vom zureichenden Grund eignet sich in besonderem Maße für dieses ideologiekritische Unternehmen. Zum einen sichert dieser Satz die fundamentalen Aussagen der Theologie, aber auch der Naturwissenschaften ab, zum anderen hatte schon Kant eindrucksvoll dargetan, daß dieser Satz in seiner Form des Kausalgesetzes den Kategorien des Verstandes entstammt und nicht eine Beschaffenheit der an sich seienden Welt zur Sprache bringt. Im Sinne Kants gehört Kausalität nicht der an und für sich seienden Welt an, sondern dem erkennenden Subjekt, also dem bloßen Denken. (Vgl. Höffe [4]1996, 94)

Mit größter Selbstverständlichkeit haben Theologen und Philosophen diesen Satz allerdings immer schon als das Einheit stiftende Prinzip der Welt betrachtet. *Nihil est sine ratione* – nichts in der Welt ist ohne Grund –; *causam aequat effectum* – keine Wirkung kann größer sein als ihre Ursache – sowie reichlich andere Formulierungen derselben Denkgewohnheit, die sich im Satz vom zureichenden Grund artikuliert, kennt die Geistesgeschichte, und fast immer bedeutet sie eine Aussage über die Beschaffenheit der Welt selbst. Kaum jemals vor Kant ist das Kausalgesetz in seiner Abhängigkeit vom Denken durchschaut worden.

Von Anfang an zieht Schopenhauer diese Selbstverständlichkeit in Zweifel. Er betrachtet sie als Ausdruck eines in Theologie und Philosophie gleichermaßen verwendeten Vorurteils. Dieses Vorurteil zeige sich schon darin, daß in der Wissenschaft eine Seite des Satzes vom zureichenden Grund zumeist überbewertet und die Möglichkeit einer zweiten Bewertung völlig außer acht gelassen werde. Daher unterscheidet Schopenhauer zu Beginn seiner Abhandlung ausdrücklich zwischen zwei Forderungen, die er mit dem Satz vom zureichenden Grund verbindet: die Forderung nach *Homogenität* und diejenige nach *Spezifikation*. Ersteres schaffe Einheitlichkeit durch Subsumtion einer Vielheit unter ein einziges Prinzip; letzteres differenziere eine Mannigfaltigkeit nach mehreren prinzipiellen Gesichtspunkten. Im allgemeinen bevorzuge Wissenschaft die Forderung nach Homogenität, nicht aber nach Spezifikation. „Das letztere dieser Gesetze", erklärt Schopenhauer, „finde ich, so mächtiger Empfehlung ungeachtet, zu wenig angewendet auf einen Hauptgrundsatz in aller Erkenntniß, den *Satz vom zureichenden Grunde*." (ZG, 14) Man soll demnach die Mannigfaltigkeit des Satzes vom zureichenden Grund nicht voreilig vermindern. Das provokative Programm seiner Doktorarbeit leitet Schopenhauer aus dieser Überlegung ab. „Sollte mir zu zeigen gelingen", heißt es einleitend, „daß der zum Gegenstand dieser Untersuchung gemachte Grundsatz nicht unmittelbar aus *einer*, sondern zunächst aus *verschiedenen* Grunderkenntnissen unsers Geistes fließt; so wird daraus folgen, daß die Nothwendigkeit, welche er als ein *a priori* feststehender Satz bei sich führt, ebenfalls nicht *eine* und überall *die selbe*, sondern eine eben so vielfache, wie die Quellen des Satzes selbst ist." (ZG, 15)

Die Offensive gegen das vereinheitlichende Denken legitimiert sich mit der These: Der Satz vom Grund ist nur im eingeschränkten Sinn Einheit stiftendes Prinzip, denn er stiftet ebenso die Vielheit. Die fundamentalste Anforderung, die das *Denken* an alle seine Erkenntnisse stellt, nämlich die erkennbaren Dinge miteinander durch Kausalität in Relation zu setzen, ist zwar mit dem Satz vom zureichenden Grund offenbar geworden, doch spricht dieser Satz nicht deswegen schon die letzte Wahrheit über die *Welt* an sich aus. Der Idealismus stößt dort an die natürliche Grenze seiner Leistungsfähigkeit, wo er sich klarmacht, daß Einheit der Welt nicht durch ein fundamentales Denkgesetz herzustellen ist.

Bis zu dieser Grenze will der Autor seine Leser führen. Sie kommt zum Bewußtsein mit der Einsicht, daß der Mensch zwar Kenntnis haben kann vom einheitlichen Charakter der Welt, daß diese Kenntnis jedoch nicht primär durch sein Denken zustande gebracht werde, sondern durch die Daseinsweise seines Leibes. So schält sich hier ein neuer Wahrheitsbegriff heraus, der seine Legitimation nicht allein im Denken erfährt.

Damit aber die Untauglichkeit des Kausalgesetzes zum Einheit stiftenden Prinzip nicht eine bloße Behauptung bleibt, muß Schopenhauer den verschiedenen Wurzeln des Satzes vom zureichenden Grunde nachgehen. Dabei muß er zeigen, daß Philosophen und Theologen den Satz unrechtmäßig als Ausdruck der Einheit-lichkeit der Welt angesehen haben. Weder aus dem Verstand noch aus der Vernunft, so die These Schopenhauers, dürfe das Einheit stiftende Prinzip entnommen werden. Schopenhauers Überlegungen zum Satz vom zureichenden Grund haben fundamentale Bedeutung für seine Philosophie. Seine Dissertation entwickelt den Gedanken mit raffinierter Strategie, die eine detaillierte Betrachtung verdient. Über den „Fehler", welchem Philosophen aber immer wieder verfallen, notiert er dann im Jahr 1820: „Das Innere Wesen der Natur selbst, das aus jeder Erscheinung uns entgegentritt, wollen wir am Leitfaden des *Satzes vom Grunde* auffassen, während dieser die bloße Form der Erscheinung ist." Doch ist „das Innre Wesen der Dinge … dem Satze vom Grunde fremd." (HN III, 34) Der Satz vom Grund läßt sich nur auf die Erscheinungen anwenden, bezüglich des Wesens der Welt verliert er seine Zuständigkeit. Er setzt allein die Vielfalt der Erscheinungen in gesetzmäßige Beziehung zueinander.

Wie durchbricht Schopenhauer die Stabilität des wichtigsten erkenntnistheoretischen Hilfsmittels?

3.3 Vier Masken der einen Wahrheit

Zunächst erläutert Schopenhauer den „Satz vom zureichenden Grund des Werdens", worunter er die Erfahrungen versteht, die zu einer Vorstellung führen. Hier werden die Anwendungen untersucht, welche unproblematisch mit dem Wort „Kausalität" zu erfassen sind. Anschließend widmet er sich dem „Satz vom zureichenden Grund des Erkennens", welcher bei ihm den Begriff der Vernunft, die Wahrheit von Urteilen sowie die Verknüpfung von Begriffen umfaßt. Darauf folgt eine Untersuchung des „Satzes vom zureichenden Grunde des Seyns". Er betrachtet hierbei den formalen Teil der Vorstellungen, also die Zustände von Raum und Zeit, wie sie unabhängig von den empirischen Gegenständen vorkommen, welche in Raum und Zeit erscheinen und im ersten Teil bereits behandelt worden sind. Schließlich gelangt der Philosoph zur vierten Wurzel, die er als den „Satz vom zureichenden Grund der Handlung" einführt. Diese letzte Erscheinungsweise des Satzes gibt Aufschluß über die geradezu *unterirdische* Grundlage der Erscheinungen, ihrer eigentlichen Wurzel, die aber selbst nicht mehr zur Erscheinung komme. Hier, am Nerv der Schopenhauerschen Philosophie, werden die Motive einer Handlung zurückgeführt auf das *Wollen*, welches für sein Dasein keinen weiteren Grund mehr erkennen läßt.

Die Reihenfolge der Abhandlung der vier genannten Wurzeln des Satzes vom zureichenden Grund offenbart eine bemerkenswerte Tendenz. Zum einen steigert sich die Knappheit der Ausführungen vom Beginn bis zum Ende. Zum anderen sind die jeweils behandelten „Wurzeln" – Schopenhauer bestimmt sie auch nach Klassen des Objektseins für ein Subjekt – durch eine zunehmende Innerlichkeit charakterisiert. Der Weg, den Schopenhauers Untersuchung einschlägt, nimmt seinen Anfang mit der dem Subjekt scheinbar am fernsten liegenden Außenwelt. Er endet schließlich in der Innenwelt des Menschen, etwa dort, wo man auch durch Meditation den Schwerpunkt seines Leibes lokalisiert.

Stufenweise schreitet Schopenhauer fort von außen nach innen, indem er verschiedene Möglichkeiten aufzeigt, in welchen ein Objekt für ein Subjekt gegeben ist. Die vier Wurzeln des Satzes vom zureichenden Grund bezeichnen vier Arten, nach welchen ein Objekt für ein Subjekt sein kann: erstens die dem Subjekt gegenüberstehende „objektive" Außenwelt, zweitens die zum Objekt gemachten Begriffe, drittens die reinen Formen jener Außenwelt – Raum und Zeit –, schließlich viertens die intimsten Motive menschlichen Handelns. Das Buch ist eine Abhandlung über die Verhältnisse zwischen Objekt und Subjekt. Sie beruht auf der Voraussetzung, daß niemals ein Objekt oder ein Subjekt für sich allein gegeben ist; immer handele es sich um eine bestimmte Weise des Daseins eines Objekts für ein Subjekt. (ZG, §16) Ein Irrsinn wäre es, das Subjekt wegzudenken, um eine objektive Außenwelt zurückzubehalten. Auch die herkömmliche Rede von der objektiven Wahrheit verliert dabei ihre Absolutheit.

Die Erscheinungen in Raum und Zeit

Der „Satz vom zureichenden Grunde des Werdens" umfaßt die erste Klasse der Objekte für das Subjekt. Die sich dabei bietende Mannigfaltigkeit der Möglichkeiten entspricht der Ausführlichkeit der Darstellung. Dem gesamten Bereich der empirischen Erfahrung, nämlich allen Erscheinungen in Raum und Zeit sowie der Ordnung der Dinge nach dem Gesetz von Ursache und Wirkung, ist dieser Teil des Werkes gewidmet. Um die Tragweite der Absichten Schopenhauers zu ermessen, muß man sich klarmachen, daß nahezu alle Ergebnisse wissenschaftlicher Arbeit der Menschheit hier erstmals zum Hirnphänomen herabgesetzt werden sollen.

Die Gegenstände dieser ersten Klasse sind vermittelt einerseits durch den „sensitiven Leib", wie Schopenhauer erklärt, und andererseits „gemäß den Gesetzen des Raumes, der Zeit und der Kausalität im Verein" (ZG, 43), wodurch ihre transzendentale Idealität nicht aufgehoben werde. Schopenhauer radikalisiert hierbei die von Kants erster Kritik bereits vollzogene Abwendung vom erkenntnistheoretischen Realismus. Kant hatte zwar die *transzendentale Idealität* von Raum und Zeit behauptet, aber durch ihre dennoch gegebene *empirische Realität* wollte er dem Umstand gerecht werden, daß die Wahrnehmungen von Gegenständen der inneren und äußeren Anschauung stets etwas objektiv Verbindliches haben und daher auch objektive Erkenntnisse verbürgen. So wurde Kant dem unverzichtbaren Anspruch auf objektive Erkenntnis in den Naturwissenschaften gerecht, obgleich die reinen Formen der Anschauung, worin die Gegenstände der Naturwissenschaften wahrgenommen werden, gar nichts Objektives, also in Form von Substanzen, Eigenschaften oder Verhältnissen Existierendes, darstellen. (Vgl. *KrV* B 33 ff.; Höffe ⁴1996, 83)

Schopenhauer leitet aus diesen Überlegungen Kants seinen Grundsatz ab, daß alle Erkenntnisse in Raum und Zeit idealer Natur sein müssen. Die Kausalität entnimmt er der Kantschen Kategorienlehre und stellt sie den reinen Formen der Anschauung zur Seite, damit der Idealismus des Kausalgesetzes ebenfalls deutlich werde; schließlich unterliegen alle Dinge in Raum und Zeit verschiedenen Formen des Kausalgesetzes. Die Gegenstände der Naturwissenschaften, vorrangig Materie und ihre raum-zeitliche Struktur, kann Schopenhauer mit diesen Argumenten dem Idealismus einverleiben. Doch damit entreißt er dem Materialismus seinen wichtigsten Forschungsgegenstand und überführt ihn der Zugehörigkeit zum Idealismus. Nicht anders verfährt er später mit dem vornehmsten Gegenstand der Theologie, nämlich mit

Gott, und mit dem Heiligtum der meisten Moralphilosophien: mit dem Postulat eines höchsten Guts.

Wie leistet Schopenhauer im einzelnen die Auflösung der herkömmlichen Grundlage des Materialismus? Maßgeblich ist hierbei ein neues Verständnis von Materie und Kraft. Schon der Begriff der Materie sei kein letzter Begriff, er leite sich aus einem Zusatz zum Gesetz der Kausalität ab, nämlich aus dem Gesetz der Beharrlichkeit der Substanz. Auf Erfahrung kann die Erkenntnis von Materie deswegen nicht beruhen, sie setzt eine Denkfunktion voraus: das Gesetz der Beharrlichkeit der Substanz. Ähnliches hatte zuvor schon Kant in seinen *Metaphysischen Anfangsgründen der Naturwissenschaft* dargelegt. Ihm folgt Schopenhauer, wenn er die Möglichkeit der Erkenntnis von Materie auf *apriorische* Erkenntnisse stützt. Was man unkritisch mit der These der Unvergänglichkeit der Materie ausspreche, „folgt daraus, daß das Gesetz der Kausalität sich nur auf die *Zustände* der Körper, also auf ihre Ruhe, Bewegung, Form und Qualität bezieht, indem es dem zeitlichen Entstehn und Vergehn derselben vorsteht". Allein deswegen auf „das Daseyn des *Trägers* dieser Zustände" zu schließen, welchem man „den Namen *Substanz* erteilt hat", wagt Schopenhauer nicht. (ZG, 58) Das Wort *Substanz* spricht keine Erkenntnis über das Dasein eines Trägers jener Eigenschaften wie Ruhe, Bewegung, Form und Qualität aus, sondern es verweist allein auf die Denknotwendigkeit eines solchen Trägers. Daß die Substanz beharrt, daß sie weder entstehen noch vergehen kann, daß ihr vorhandenes Quantum niemals vermehrt oder vermindert werden kann, das wissen wir nicht aufgrund einer Einsicht in das innere Wesen der Welt. Dies folgt *a priori* aus dem „Bewußtseyn der unerschütterlichen Gewißheit, mit welcher Jeder, der einen gegebenen Körper, sei es durch Taschenspielerstreiche, oder durch Zertheilung, oder Verbrennung, oder Verflüchtigung, oder sonst welchen Proceß, hat verschwinden sehn, dennoch fest voraussetzt, daß, was auch aus der *Form* des Körpers geworden seyn möge, die Substanz, d.i. die *Materie* desselben, unvermindert vorhanden und irgendwo anzutreffen seyn müsse". (ZG, 58)

Substanz und *Materie* gebraucht Schopenhauer synonym; den Grundsatz der Beharrlichkeit der Substanz entlarvt er als einen transzendentalen. Damit setzt ihre Kenntnis die reinen Formen der Anschauung voraus. Das bedeutet aber, daß Materie für sich genommen nicht denkbar ist, und noch weniger kann sie für sich existieren – einem Naturwissenschaftler des neunzehnten Jahrhunderts mag dieser Gedanke noch weniger annehmbar gewesen sein als einem heutigen. (Vgl. auch V 1, 148)

Mit den Vorstellungen von Naturkräften verhält es sich Schopenhauer zufolge nicht anders. „Von der endlosen Kette der Ursachen und Wirkungen", merkt er über diesen Sachverhalt an, „welche alle *Veränderungen* leitet, aber nimmer sich über diese hinaus erstreckt, bleiben, eben dieserhalb, zwei Wesen unberührt: einerseits nämlich, ... die *Materie*, und andererseits die ursprünglichen *Naturkräfte*; jene, weil sie der *Träger* aller Veränderungen, oder dasjenige ist, *woran* solche vorgehn; diese, weil sie Das sind, *vermöge* dessen die Veränderungen, oder Wirkungen, überhaupt möglich sind, Das, was den Ursachen die Kausalität, d.i. die Fähigkeit zu wirken, allererst erteilt, von welchen sie also diese bloß zur Lehn haben." (ZG, 60) Er beanstandet bezüglich dieser „ursprünglichen Kräfte" die Verwechslung von Naturkraft mit Kausalität. Seine Kritik an dieser „für die Klarheit des Denkens verderblich[en]" Verwechslung leitet sowohl eine Neubestimmung des Materie- als auch des Kraftbegriffs ein. Es scheint sogar, gibt Schopenhauer bezüglich der Verwechslung von Naturkraft mit Kausalität zu bedenken, daß vor ihm diese Begriffe nie rein gesondert worden sind. (ZG, 61) Vor allem dort, wo man Schwere, Elektrizität und ähnliches als Ursache einer Erscheinung angebe, liege jene Verwechslung vor. Diese zu vermeiden, schlägt Schopenhauer vor, solche Naturkräfte als *Urphänomene* im Sinne der Goetheschen Terminologie zu verstehen. Der junge Philosoph beharrt darauf, daß jede „*ächte*, also wirklich ursprüngliche Naturkraft ..., wozu auch jede chemische Grund-Eigenschaft gehört, ... wesentlich *qualitas occulta* [ist], d.h. keiner physischen Erklärung weiter fähig, sondern nur noch einer metaphysischen, d.h. über die Erscheinung hinausgehenden". (ZG, 61)

So zeigt sich schon hier die metaphysische Grundtendenz des Schopenhauerschen Werkes. Allerdings ist sich Schopenhauer bewußt, daß ein Rückfall in die vorkantische Metaphysik nicht möglich ist. Er hat sich einen neuen Zugang zur Metaphysik erschlossen. Die Neubestimmung der Begriffe *Kraft* und *Materie* ebnet ihm diesen Weg. *Kraft und Stoff* waren die beiden tragenden Säulen des mechanischen Materialismus, wie er vor allem in

der Physik des neunzehnten Jahrhunderts vorherrschte. Schopenhauer hat diese Säulen einstürzen lassen, indem er unter Verwendung der *transzendentalen Ästhetik* und der *transzendentalen
Analytik* der Kantschen *Kritik der reinen Vernunft* nachgewiesen
hat, daß sie von *apriorischen* Denkbestimmungen abhängen und
die Realität nicht fundieren können. So verlagerte er die beiden
wichtigsten Voraussetzungen des mechanischen Materialismus
und der Physik seiner Epoche in das Denken selbst. Daß man in
der Mitte des neunzehnten Jahrhunderts weder in der Philosophie
noch in den Naturwissenschaften von diesen Ergebnissen der
Kantischen Philosophie etwas wissen wollte, ist für den alten
Schopenhauer Ausdruck einer „Verwilderung und Rohheit":
„Und siebenzig Jahre nach dem Erscheinen der Kritik der reinen
Vernunft", klagt er über die herrschenden Vorstellungen von
Kraft und Stoff der Naturwissenschaftler, „und nachdem die Welt
ihres Ruhmes vollgeworden, wagen es die Herren solche längst
abgethane, krasse Absurditäten aufzutischen und zu den alten
Rohheiten zurückzukehren." (WiN, 193)
Materie und Kraft sind nach diesen Überlegungen nicht länger
Träger der wesentlichen Welt, sondern sie sind Funktionen idea-
listischer Philosophie, die sich aus den Kategorien des Verstandes
und der transzendentalen Idealität von Raum und Zeit erklären
lassen. Insofern aber die mannigfaltigen Erscheinungsformen von
Kraft und Stoff sowie ihre mathematisch zu beschreibenden Relationen – die den transzendentalen Idealismus zur Voraussetzung
haben – wesentlich Gegenstand der Physik sind, insofern bedeutet
ein wahrhaftes Überschreiten des Idealismus zugleich ein Überschreiten der Physik. Diese Überschreitung der Physik, das nennt
Schopenhauer *Metaphysik*.
Daß eine solche Bestimmung von Metaphysik durchaus plausi-
bel ist, wird allerdings gegenwärtig oft übersehen, vor allem deswegen, weil eine sprachanalytische Formulierung des Unterschie-
des zwischen vorkantianischer und nachkantianischer Metaphysik
bisher nicht möglich gewesen ist. Schopenhauer nimmt die be-
stimmtere Fundierung von nachkantianischer Metaphysik in seinem Hauptwerk vor. Vorerst wird sie nur gestreift, namentlich
dort, wo er von einer besonderen Art des Objekts für das Subjekt
spricht, vom „unmittelbaren Objekt": dem eigenen Leib. (ZG,
§ 22)

Vorstellungen von Vorstellungen

Von den empirischen Gegenständen der Wissenschaften schreitet Schopenhauer weiter zur Darstellung der zweiten Klasse der Objekte für das Subjekt, also zur zweiten Wurzel des Satzes vom zureichenden Grund. Bezog sich die erste Klasse auf das Gesamte der Wahrnehmung und ihrer wissenschaftlichen Behandlung, so handelt die zweite Klasse nur noch von den aus der Gesamtheit abstrahierten Vorstellungen: den Begriffen, die wir von der Welt haben. „Man kann sie auch definiren", schlägt Schopenhauer vor, „als *Vorstellungen aus Vorstellungen.*" (ZG, 114) Er versteht darunter die selbständig gewordenen Begriffe und ihre Verknüpfungen, wie sie in Büchern niedergeschrieben und an Universitäten gelehrt werden können. Zwar stammen auch sie aus den oben behandelten „anschaulichen Vorstellungen", aber sie lassen sich eben auch als Teile, abgesondert vom Ganzen, denken. „Bei diesem Processe", fügt Schopenhauer hinzu, „aber büßen die Vorstellungen nothwendig die Anschaulichkeit ein, wie Wasser, wenn in seine Bestandtheile zerlegt, die Flüssigkeit und Sichtbarkeit. Denn jede also ausgesonderte (abstrahirte) Eigenschaft läßt sich für sich allein wohl *denken*, jedoch darum nicht für sich allein auch *anschauen.*" (ZG, 114)

Die erste Art von Vorstellungen war noch stärker an eine vermeintlich absolut gegebene Außenwelt gebunden. Jetzt, mit seinen „Vorstellungen von Vorstellungen", hat Schopenhauer einen ersten Schritt getan, der ihn von der Außenwelt wegführt. In jenem ersten Teil der Abhandlung waren die scheinbar unabhängig vom Denken gegebenen Gegenstände – Stoffe, Materie, Kräfte, Dinge an sich – ihrer Bedingtheit durch das Denken überführt worden. Im zweiten Teil nun entfernt sich der Autor von jener äußeren Welt und bewegt sich auf das Innere des erkennenden Menschen zu, hin zu dem Ort, wo wirkliche Realität erfahren werde.

Zunächst führt ihn sein Weg noch nicht zum Schwerpunkt des Leibes, sondern nur in den Innenraum der Hirnschale; die Untersuchung hat das Denken als solches zum Gegenstand. Im Denken allerdings, wo die abstrakten Begriffe gebildet werden, trifft der Philosoph ebenfalls nur abgeleitete Wirklichkeiten an. Zu diesem Denken gehört auch der Anspruch auf Wahrheit. Wahrheit ist für

Schopenhauer „die Beziehung eines Urtheils auf etwas von ihm Verschiedenes, das sein Grund genannt wird und, ... selbst eine bedeutende Varietät der Arten zuläßt" (ZG, 121). Er unterscheidet im folgenden „logische Wahrheit", „empirische Wahrheit" und „metaphysische Wahrheit". Mit letzteren beiden Formulierungen, welche die Tätigkeiten von Verstand und Vernunft beschreiben sollen, betont er seine Distanz zu dem von Kant eingeführten emphatischen Gebrauch der Begriffe *Vernunft* und *Verstand* sowie deren Unterschiedenheit.

Reine Anschauungen

Wesentlich knapper als der erste Teil und auch nicht so ausführlich wie der zweite fällt der dritte Teil der Doktorarbeit aus. Er behandelt die dritte Klasse von Objekten für das Subjekt und die in ihm herrschende Gestaltung des Satzes vom zureichenden Grund. Die Darstellung beschäftigt sich – ähnlich dem zweiten Teil – mit dem formalen Element der Vorstellung, namentlich mit Raum und Zeit, sofern sie nicht der Kausalität unterliegen. Es sind die reinen Anschauungen, denen kein empirisches Material beigemischt ist. Die räumliche Lage und die Zeitfolge bestimmen die Verhältnisse der Dinge zueinander; und diese Verhältnisse lassen sich in der Geometrie unabhängig von den Dingen selbst behandeln. „Was diese Klasse von Vorstellungen", erläutert Schopenhauer, „in welcher Zeit und Raum *rein angeschaut* werden, von der ersten Klasse, in der sie (und zwar im Verein) *wahrgenommen* werden, unterscheidet, das ist die Materie, welche ich daher einerseits als die Wahrnehmbarkeit von Zeit und Raum, und andererseits als die objektiv gewordene Kausalität erklärt habe." (ZG, 147) Die von Kant übernommenen reinen Formen der Anschauung und das Dasein der Dinge – also der materiellen Welt – stehen in einem Verhältnis von Grund und Folge. Daher spricht Schopenhauer hier vom „zureichenden Grunde des Seyns". Die Dinge sind deswegen da, weil sie in Raum und Zeit erscheinen; Dasein ist das Dasein in Raum und Zeit. Auch dieser Schritt führt noch nicht aus dem Innenraum des Kopfes heraus. Hier erkennt das Denken bloß in den reinen Formen der Anschauung den Grund für das Dasein der Dinge; es macht sich zum Urheber dieser Dinge. Diese aber bleiben dem Satz vom Grund unterworfen, und der Satz vom Grund hat nur für das Denken Bedeutung. Die Philosophie, welche das gesamte Gewicht einer absoluten Wahrheit auf die Darstellung der Dinge in Raum und Zeit legt, macht sich zu einem Lastesel, der die Welt im Kopfe tragen will. Solche Lasten bürdet sich der Philosoph Schopenhauer nicht auf.

Die Grenze des diskursiven Wissens

Mit der vierten und letzten Klasse der Objekte für das Subjekt vollzieht Schopenhauer schließlich den Schritt in eine zuvor unbeschrittene philosophische Dimension; sie soll nicht vom Innenraum der Hirnschale begrenzt bleiben. In aller Kürze stellt er die vierte Wurzel des Satzes vom zureichenden Grund vor. Er nennt sie das *Gesetz der Motivation*. Den Bereich der Zuständigkeit des Idealismus hat er verlassen. Während der Idealismus – und in dessen Reichweite fallen auch die Begriffe *Materie* und *Kraft* – ausnahmslos das Subjekt als ein erkennendes betrachtet, entdeckt Schopenhauer nun das Subjekt als ein wollendes. Wird im Idealismus das erkennende Subjekt vollständig durch das Denken erfaßt, so fällt dieses wollende Subjekt aus der engen Welt des Denkens heraus. Die Last einer Welt, die als Wollen erfahren wird, kann nicht im Kopf allein getragen werden. „Im *Herzen* steckt der Mensch", schreibt der reife Schopenhauer später über diesen Wechsel des philosophischen Aggregatzustandes, „nicht im Kopf. Zwar sind wir, in Folge unserer Relation mit der Außenwelt, gewohnt, als unser eigentliches Selbst das Subjekt des Erkennens, das erkennende Ich, zu betrachten, welches am Abend ermattet, im Schlafe verschwindet, am Morgen mit erneuerten Kräften heller strahlt. Dieses ist jedoch die bloße Gehirnfunktion und nicht unser eigenstes Selbst. Unser wahres Selbst, der Kern unsers Wesens, ist Das, was hinter jenem steckt und eigentlich nichts Anderes kennt, als wollen und nichtwollen, zufrieden und unzufrieden seyn, mit allen Modifikationen der Sache, die man Gefühle, Affekte und Leidenschaften nennt." (W II, 279)

Schlagartig stößt Schopenhauer mit seinem *Gesetz der Motivation* auf den metaphysischen Willen, der nur sich selber will, und im Innersten des Leibes – nicht vorwiegend im Denken – verortet werden muß. Der Mensch ist wesentlich ein wollendes, nicht ein erkennendes Ding, und der Wille, der im Wollen zur Erscheinung kommt, kann nicht durch etwas anderes bedingt sein als durch sich selbst. Daher reißt am Ende der Schopenhauerschen Dissertation blitzartig die Kette der Warum-Fragen ab. Das *Gesetz der Motivation* gibt Antwort auf die Frage nach dem Grund meiner Handlungen; und dieser Grund liegt nicht länger in meinem Erkennen oder einer anderen Denkfunktion. Er ist jetzt identisch mit meinem Willen. Frage ich danach, warum ich etwas will, dann antwortet Schopenhauers Lehre damit, daß sie mir zu verstehen gibt, daß nicht mein im Kopf konstruiertes *Ich* etwas will, sondern der nackte Hunger, den er *Wille* nennt und der sich durch das bloße Dasein meines Leibes kundtut. Er ist untrennbar mit diesem verbunden.

Die Erkenntnis, daß die Antwort auf die Frage nach den Beweggründen meines Handelns nicht das Ergebnis einer Denkoperation sein kann, beinhaltet zugleich die empirische Erkenntnis meines Leibes. Besinne ich mich nämlich darauf, daß mein Wesen nicht primär durch die Erkenntnisfunktionen in meinem Kopf gegeben ist, sondern durch das Wollen in mir, dann verlasse ich die Grenzen meiner im Kopf beheimateten kleinen Welt und entdecke den Mittelpunkt meines Daseins im Innersten meiner physiologischen Natur. Hier bin ich unmittelbar mit der Welt und ihrem allgemeinen Wesen verbunden, nicht dort, wo meine Sinne nur eine mittelbare Funktion bei der Bildung von Vorstellungen einer Außenwelt ausüben. – Wiederum früh in Schopenhauers Denken tritt dieser später vertiefte Bezug zur Physiologie auf.

Geradezu meditativ -- durch Abkehr von der Außenwelt und Eintritt ins Zentrum des Leibes – erschließt sich Schopenhauer den Weltzugang. Das Innerste – entweder als wollende Kraft oder als Resignation – hat seinen Sitz dort, wo auch der meditierende Mensch sein Wesen aufsucht: etwa dort, wo der eigene Schwerpunkt empfunden wird. So erfahren wir mit unserem Leib das Einheit stiftende Prinzip. In ihm stoßen wir auf den Willen zum Dasein und Wohlsein, auf den Hunger und die Schwere, die alle Kreaturen miteinander verbindet, wie Schopenhauer näher in seinem Hauptwerk ausführen wird. „Wenn wir in unser Inneres blicken, finden wir uns immer als *wollend*." (ZG, 160)

Indem Schopenhauer sich den Zugang zur wesentlichen Welt nicht über Denkakte *a priori* erschließt, erlangen auch die Begriffe

Erfahrung und *Empirie* neuen Stellenwert. Das Wesen der Welt soll *a posteriori* aus der Erfahrung bekannt sein – aus der eigenen Leiberfahrung. Der Standpunkt der Erkenntnis, den seine Dissertation mit der Erörterung der vierten Wurzel des Satzes vom zureichenden Grund provoziert, erlaubt es, die Welt der Vorstellungen sowie deren wissenschaftlichen Erklärungen als ein kosmisches Theater zu entlarven. „Hier stehn wir gleichsam hinter den Koulissen", preist Schopenhauer den Ausblick am Ende seiner Schrift, „und erfahren das Geheimniß, wie, dem innersten Wesen nach, die Ursache die Wirkung herbeiführt: denn hier erkennen wir auf einem ganz andern Wege, daher in ganz anderer Art. Hieraus ergiebt sich der wichtige Satz: *die Motivation ist die Kausalität von innen gesehn*. Diese stellt sich demnach hier in ganz anderer Weise, in einem ganz andern Medio, für eine ganz andere Art des Erkennens dar". (ZG, 162)

Die ganz andere Art des Erkennens ist das intuitive Erkennen, dem Schopenhauer die größere Bedeutung gegenüber dem diskursiven Denken beimißt. Freilich gilt dieser Vorrang nur in metaphysischer Hinsicht, nämlich solange wir uns abwenden von der durch Raum und Zeit sowie Kausalität bedingten Welt und eine Erkenntnis des Wesens der Welt anstreben. Hier schon, in seinem Erstlingswerk, deutet sich die Nähe der Lehre Schopenhauers zur Mystik und zu asiatischen Religionen an. Und nicht erst hier, am Ende seiner Dissertation, schlägt Schopenhauer einen neuen philosophischen Weg ein, er hatte ihn von Anfang an mit den ersten Sätzen seiner Philosophie ins Auge gefaßt. Ihm ging es von vornherein nicht um einen Beweis der Gültigkeit des Satzes vom zureichenden Grund, sondern allein um die Tatsache, daß ein solcher Beweis nicht zu führen ist. Mit dieser Voraussetzung aber ist die Gültigkeit des Satzes auch immer schon vorausgesetzt, wenn wir beginnen etwas zu beweisen. Jeder Beweis enthält dadurch etwas Tautologisches: Es läßt sich nämlich nur beweisen, was Raum, Zeit und Kausalität unterworfen ist. Mit Beweisen sichert sich das Denken die Gültigkeit von Aussagen innerhalb der Grenzen von Raum, Zeit und Kausalität, nicht aber das Dasein der Welt. Die vollständige Untersuchung der Verwendung des Satzes vom zureichenden Grund sollte Aufschluß geben über das, was wir mehr wissen, als der Satz vom Grund zu beweisen imstande ist.

Schopenhauers Dissertation enthält das vollständige Geripppe seiner philosophischen Lehre. Die nachfolgenden Werke tragen Fleisch auf das vorhandene Skelett auf. Doch das Geripppe schon richtet sich auf über den drei Grundüberzeugungen Schopenhauers. Erstens gilt die Einsicht, daß die in Raum und Zeit erscheinende Welt sowie die Gültigkeit des Kausalgesetzes von sekundärer Bedeutung für eine Erkenntnis des Wesens der Welt sind, obgleich sie sich mit bestechender Wichtigkeit in unserem Wissen breitmachen. Zweitens ist es Schopenhauers Überzeugung, daß wir durch empirische Erfahrung etwas über die wesentliche Welt erfahren können. Kants Vernunft- und Metaphysikkritik hatte eine Erkenntnis des Wesens der Welt – des Dings an sich – völlig ausgeschlossen. Allerdings redet Schopenhauer nicht dem philosophischen Empirismus und Positivismus das Wort. Ganz im Gegenteil. Er zeigt mit größter Leidenschaft, daß diese Lehren mit allen ihren Thesen die *apriorischen* Funktionen des Denkens nicht verlassen können. Die wahrhafte Erfahrung liegt für Schopenhauer in der Leiberfahrung. So gilt für ihn drittens die universelle Macht des Willens, jenes erkenntnislosen Triebes und unstillbaren Hungers, welcher die allem Dasein gemeinsame Basis sei. Der Wille lasse sich nur intuitiv erfassen, und er erscheine – im Leib – als erstes Objekt für das erkennende Subjekt. Dies ist das Thema des Hauptwerkes: die doppelte Behandlung der Welt als Wille und als Vorstellung.

Vorerst bietet sich Schopenhauer die Möglichkeit, seine neuen Erkenntnisse auf naturwissenschaftlichem Feld zur Anwendung zu bringen.

4. Physiologische Theorie der Farben

Nach seiner Promotion, sie war durch die Universität Jena im Oktober 1813 erfolgt, hielt sich Schopenhauer erneut in Weimar auf. Es kam zu mehreren Begegnungen mit Goethe, der Schopenhauers Dissertation lobend zur Kenntnis genommen hatte. In den Mittelpunkt der Diskussionen zwischen November 1813 und Mai 1814 rückte sehr bald schon die Goethesche *Farbenlehre*. Goethe hatte das Buch nach zwanzigjähriger Arbeit 1810 veröffentlicht. 1816 dann, Schopenhauer ist seit längerem wieder in Dresden, legt er seinerseits eine Schrift vor, welche jene Diskussionen mit Goethe widerspiegelt: *Über das Sehn und die Farben*. Die Abhandlung basiert auf Goethes Abwehr der *Optik* Newtons, aber sie geht entschieden eigene Wege. Aus der Kritik an Goethes Konzeption der Farbentheorie erwächst eine Ergänzung dieser Lehre, die Schopenhauer schließlich zur „physiologischen Theorie der Farbe" ausbildet. (P II, 196) Sie ist die Grundlage dessen, was im Hauptwerk und später in der naturphilosophischen Schrift *Über den Willen in der Natur* als physiologische Fundierung der Transzendentalphilosophie bezeichnet werden kann.

Die Kritik an Goethes Lehre bezieht sich darauf, daß dieser die physiologischen und die physischen Farben unvermittelt nebeneinander habe stehen lassen. Eine eigentliche *Theorie* der Farben sei folglich noch gar nicht geschaffen worden; das Goethesche Werk sei zu ergänzen, meint Schopenhauer, indem gezeigt werde, wie durch die *Theorie* der Farben im eigentlichen Sinn des Wortes Farben tatsächlich als physiologische Erscheinungen ausgewiesen werden können. Mit diesem Anspruch verfolgt Schopenhauer das Ziel einer Darlegung dessen, was die Farbe ihrem Wesen nach ist. (SuF 1–9)

Zwar betrachtete auch Goethe physiologische Farben als „das Fundament der ganzen Lehre …, weil sie dem Subjekt, weil sie dem Auge teils völlig, teils größtens zugehören". (GoeW XIII, 329) Aber die wesentlichen Farberscheinungen, zu denen auch die prismatischen gehören, behandelte er im didaktischen Teil seiner

Farbenlehre unter der Überschrift *Physische Farben*. Physische Farben nannte Goethe diejenigen, „zu deren Hervorbringung gewisse materielle Mittel nötig sind, welche selbst keine Farbe haben und teils durchsichtig, teils trüb und durchscheinend, teils völlig undurchsichtig sein können. ... Sie schließen sich unmittelbar an die physiologischen an und scheinen nur um einen geringeren Grad mehr Realität zu haben." (Ebd., 359 f.)

Die Auffassung Goethes, daß die physischen Farben mehr Objektivität und Realität besitzen als die physiologischen Farben, welche doch nur dem Subjekt angehören sollen, das ist vor dem Hintergrund der Ergebnisse des Schopenhauerschen Frühwerks nicht hinzunehmen. Zum einen gehören in Schopenhauers Lehre Objekt und Subjekt untrennbar zueinander, sind nur füreinander da und können ebenso nur gleichzeitig bestehen. Keinesfalls kann dabei das Objekt mehr Realität enthalten als das Subjekt. Zum anderen schließt dieser Sachverhalt die alte Denkgewohnheit aus, nach welcher das Objekt als Repräsentant der Realität, das Subjekt hingegen als Repräsentant der Vorstellung gilt. Schopenhauer lastet es dem Charakter der Vorstellung überhaupt an, daß in ihr die Welt zerfällt in Objekte, die einem Subjekt gegenübertreten. „Die Anschauung also", bemerkt er in seiner Abhandlung, „die Erkenntnis von Objekten, von einer objektiven Welt, ist das Werk des Verstandes." (SuF 8)

Demgemäß zielt Schopenhauers Ergänzung der Goetheschen *Farbenlehre* auf den Nachweis, daß diejenigen Farberscheinungen, welche Goethe in seiner *physischen Farbenlehre* behandelt hatte, aus den Grundlagen der *physiologischen* erklärt werden können.

Licht und Schatten nannte Goethe die „Taten und Leiden des Lichts". (GoeW XIII, 315) Farben entstünden am Übergang zwischen Licht und Finsternis – und bis hierher folgt ihm auch Schopenhauer. Aber diese Polarität der Farben betrachtete Goethe noch als Ausdruck der Polarität der Welt selbst. Schopenhauer dagegen weigert sich, die Denkoperation auf den Grund der Welt zu übertragen. Die Farberscheinungen und ihre Polarität können nicht das Wesen der Welt zum Ausdruck bringen. Er beharrt darauf, „daß Helle, Finsternis und Farbe, im engsten Sinne genommen, Zustände, Modifikationen des Auges sind, welche unmittelbar bloß empfunden werden." (SuF 21) Eine Untersuchung der

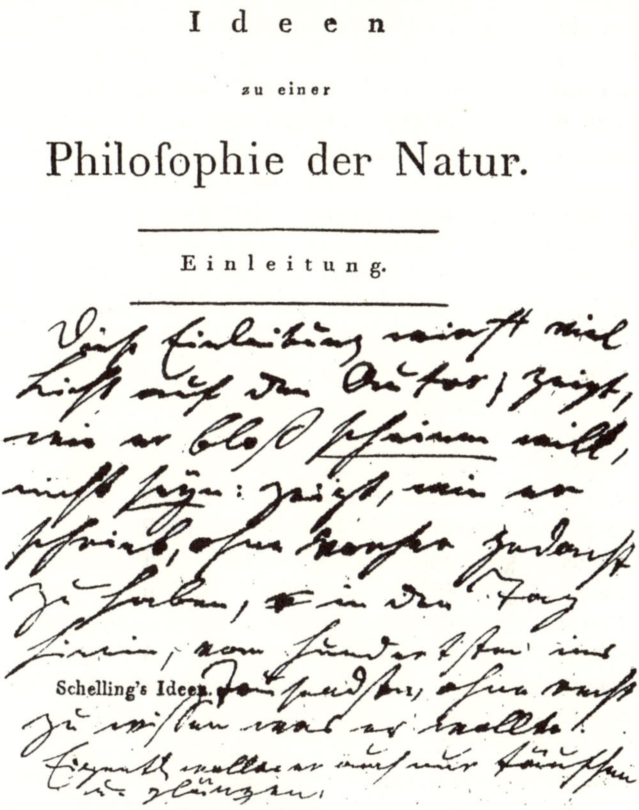

I d e e n

Philofophie der Natur.

E i n l e i t u n g.

Abb. 7: Handschriftliche Bemerkung auf dem Titelblatt von Schellings Schrift „Ideen zu einer Philosophie der Natur"

Beschaffenheit des Auges allein könne Aufschluß geben über das Zustandekommen jener Empfindungen. Schopenhauers Forderung zeigt, mit welcher Konsequenz er seine Philosophie auf der Basis der Physiologie aufbaut.

Die von Goethe postulierte Polarität der Farben verwandelt Schopenhauer in eine Polarität der Retina. Das ist neu. Noch wenige Jahr zuvor hatte der jugendliche Jenaer Naturphilosoph Friedrich W. J. Schelling (1775–1852) Goethes Polarität von Licht und Finsternis in neuplatonisierender Weise als Maßstab für ein Natursystem herangezogen. In einem spekulativen Höhenflug

55

hatte dieser die Hauptthese der *Farbenlehre* ins Kosmische gesteigert und zur Elementarform allen Seins und Werdens erklärt. Schopenhauer holt die Lehre von der Polarität der Farben und des Lichts jetzt wieder vom Kosmos auf die Erde zurück und läßt sie als eine „eigenthümliche Funktion der Retina" erscheinen. (SuF 35) Er bindet *Farbenlehre* ein in seine physiologische Erkenntnistheorie. Recht kompliziert führt er im § 6 seiner Abhandlung *Über das Sehn und die Farben* aus, was er im Alter mit größerer Souveränität und Übersichtlichkeit zusammenfaßt. In seinen *Parerga und Paralipomena* lautet es im Kapitel *Zur Farbenlehre* folgendermaßen: „Ist die Farbe an sich, d.h. im Auge, die qualitativ halbierte, also nur theilweise erregte Nerventhätigkeit der Retina; so muß ihre äußere Ursache ein *vermindertes* Licht seyn, jedoch ein auf ganz besondere Weise vermindertes, die das Eigenthümliche haben muß, daß sie jeder Farbe gerade so viel Licht zutheilt, als dem physiologischen Gegensatz und Komplement derselben Finsterniß. ... Dieser Forderung nun genügt vollkommen die Scheidewand des zwischen Licht und Finsterniß eingeschobenen Trüben, indem sie, unter entgegengesetzter Beleuchtung, allezeit zwei sich physiologisch ergänzende Farben hervorbringt, welche, je nach dem Grade der Dichte und Dichtigkeit dieses Trüben, verschieden ausfallen, zusammen aber immer zum Weißen, d.h. zur vollen Thätigkeit der Retina, einander ergänzen werden." (P II, 195 f.) Mehr Tätigkeit der Retina – so lautet Schopenhauers Bescheid – bewirkt weißes Licht, weniger Tätigkeit dunkleres Licht. Dazwischen entstehen die abgestuften Grade des Schattigen, in welchen – wiederum im Sinn der *Farbenlehre* Goethes – die Farben beheimatet sind. Zwar entspricht den Graden der Tätigkeit der Retina irgendein äußerer Reiz, aber über dessen qualitative Beschaffenheit lassen sich keine genaueren Aussagen machen. Damit sind die Farbphänomene auf die physiologische Natur der Retina zurückgeführt.

Wenn „*Goethe* meine physiologische Farbentheorie", fährt Schopenhauer an der zitierten Stelle fort, „welche die fundamentale und wesentliche ist, selbst aufgefunden hätte, er daran eine starke Stütze seiner physikalischen Grundansicht gehabt haben und zudem nicht in den Irrthum gerathen seyn würde, die Möglichkeit der Herstellung des Weißen aus Farben schlechthin zu leugnen". (P II, 196) Die Komposition des weißen Lichts aus farbigem, eine empirisch heute leicht nachzuweisende Tatsache und wesentliche theoretische Forderung der *Optik* Newtons, hatte Goethe kategorisch ausgeschlossen. Schon in seinen *Beiträgen zur Optik* postulierte er, daß die Mischung aller Farben nur *Grau* hervorbringen könne. „Denn wer sieht nicht", lautet es in Goethes Vorarbeiten zur *Farbenlehre* aus dem Jahr 1794, „daß das Wort *Weiß* hier [bei Newton, K-JG] ganz willkürlich gebraucht wird und eigentlich ganz unnütz und überflüssig dasteht. Ja, ich darf kühnlich fragen, welchem Beobachter und Theoristen unserer Zeit man erlauben würde, zu sagen: ‚weiß wie *Asche, Mörtel und Kot*'!" (Goethe, *Farbenlehre*, ³1984, 88) Weiß genausowenig wie Schwarz ist herstellbar nach der Goetheschen Auffassung, sie haben eine Art absoluten Stellenwert in seiner Farbentheorie. Die Schwarz-Weiß-Grenze betrachtet er als elementare Grenze, an deren Übergängen die eigentlichen Farben erst entstehen sollen. Das Weiße wird hierbei zu einem Grundelement des Lichts, das nicht selbst wieder aus anderen Elementen hergestellt werden kann. Somit ist Weiß eine Erscheinungsweise des Lichts, das in seiner höchsten Reinheit der Schöpferkraft selbst vergleichbar wird. Geradezu wie ein Gott ist es real, aber nicht sinnlich greifbar. Oft beruft sich Goethe bei seinen Ausführungen auf die Lichtmetaphysik Plotins, des Begründers der neuplatonischen Philosophie. Über ein Gespräch mit Goethe notiert Schopenhauer 1813: „Was, sagte er mir einst, mit seinen Jupitersaugen mich anblickend, das Licht sollte nur da seyn, insofern Sie es sehen? Nein, *Sie* wären nicht da, wenn das Licht *Sie* nicht sähe." (Ges, 31)

Nach Schopenhauers Einschätzung hätte es der Polemik gegen Newtons *Weiß* nicht bedurft, und Goethe hätte weit stärkere Argumente aus seinem farbtheoretischen Ansatz gewinnen können, wenn ihm die umfassende Rolle des physiologischen Teils seiner *Farbenlehre* bewußt geworden wäre. Zudem war dem Realisten Goethe die *Transzendentale Ästhetik* der Kantschen *Kritik der reinen Vernunft* mit dem Nachweis der transzendentalen Idealität unserer raum-zeitlichen Welt niemals einsichtig geworden. Realisten wie Goethe fürchten mit einem gewissen Recht die Beliebigkeit und Relativität, die unsere Erkenntnisse annehmen müssen, wenn dem transzendentalen Idealismus zu große Zugeständnisse gemacht werden. Goethes Begriff der *Realität* gründet in seinem unbedingten Festhalten an der bewußtseinsunabhängigen Wirklichkeit, der unsere Erkenntnisse auch entsprechen. Anders als Goethe fürchtet Schopenhauer jedoch nicht, einen Großteil seiner Lehre preisgeben zu müssen, wenn er die vom Auge unabhängig gegebene Realität des Weißen und des Lichts fallenläßt; ihm verbürgt die Leiberfahrung den Bezug zur bewußtseinstranszendenten Welt. Seine Philosophie braucht sich daher nicht auf einen bestimmten Inhalt des Bewußtseins zu stützen, der identisch gesetzt werden muß mit Realität überhaupt. Die Physiologie der Sinneswahrnehmung selbst ist Realität.

Schopenhauers Einsicht, daß nur die physiologische Natur unseres Leibes bewußtseinsunabhängige Realität besitze, führt alle Bewußtseinsinhalte auf physiologische Zustände zurück; jeder Bewußtseinsinhalt setzt den physischen Leib voraus. Daher, meint Schopenhauer, beruhe auch die Herstellung des Weißen aus Farben ausschließlich auf *physiologischem* Grund. Sie komme allein dadurch zustande, daß ein Farbenpaar auf der Netzhaut durch zwei Hälften repräsentiert werde. (Vgl. P II, 205) Nicht nur Goethe, auch Newton irrte, weil ihm nicht klar war, daß der „Ausdruck ‚komplementäre Farben' ... nur, sofern er im physiologischen Sinne verstanden wird, Wahrheit und Bedeutung [hat]; außerdem schlechterdings nicht."

Schopenhauer vereint die Newtonsche mit der Goetheschen Auffassung vom Wesen der Farben, indem er beide genau dort kritisiert, wo ihre Postulate sich auf die an sich seiende Welt beziehen. Aussagen der Wissenschaft – so die Grundfärbung der Erkenntnistheorie Schopenhauers – bleiben immer nur Aussagen innerhalb der Welt als Vorstellung. Jeder Streit darüber, welche Vorstellung die an sich gegebene Realität stärker repräsentiere, ist nutzlos. Mit dieser Haltung legt Schopenhauer ein Fundament für Toleranz in den Wissenschaften, deren Anspruch bis heute nicht eingelöst worden ist.

5. Das Hauptwerk

5.1 *Ich glaube an eine Metaphysik*

Während Schopenhauer in den Jahren 1814–1818 in Dresden an seinem Hauptwerk *Die Welt als Wille und Vorstellung* schrieb, war ihm bewußt, daß ein epochales philosophisches System geboren wird. Die Welt allerdings nahm keine Notiz von diesem Ereignis.

Dies mag einen seiner Gründe darin haben, daß Schopenhauers Buch gegen den Geist der Zeit, die sich fern einer jeden Metaphysik wähnte, geschrieben ist. Diesem Zeitgeist mutet Schopenhauer allerdings das „nothwendige *Credo* aller Gerechten und Guten" zu, das sich ausspreche in dem Satz: „Ich glaube an eine Metaphysik." (W II, 205) An eine Karriere als Philosophieprofessor denkt der selbstbewußte Autor dieser Auskunft zufolge nicht. Sein Erbteil erlaubt ihm, wie er hofft, das Leben eines Privatgelehrten zu führen, der sich dem Druck akademischer Esoterik fernhalten kann.

Zwar ist sich Schopenhauer bewußt, daß sein Werk quer steht zur akademischen Philosophie seiner Epoche, aber er zweifelt keinen Moment an der Bedeutung seiner Leistungen im philosophiehistorischen Kontext. Schon die in der Vorrede zur ersten Auflage an den Leser gerichtete Forderung, es sei unbedingt notwendig, das Buch zweimal zu lesen, verbindet den sachlichen Kern der Schrift mit den Hauptstationen der Metaphysik: Erst ein zweiter Durchgang im Lesen des Buches führe zu der Einsicht, daß sein erster Teil nur dann verstanden werde, wenn man den zweiten Teil bereits vor Augen habe. Gleichwohl baut sich die Darstellung des zweiten Teils schon im ersten Teil auf, wodurch auch dieser Teil für das Verständnis des zweiten unverzichtbar wird.

Derartige wechselseitige Verweise aufeinander, welche die beiden Teile des Schopenhauerschen Hauptwerks miteinander verzahnen, spiegeln sich vorab im Titel des Werkes wider. Der Titel kündigt die *Welt als Wille und Vorstellung* an. Tatsächlich jedoch behandelt das Buch zunächst die *Welt als Vorstellung* und im Anschluß daran erst die *Welt als Wille*. Das Sekundäre steht auch hier zu Beginn der Abhandlung, das Primäre an deren Ende. Ein Blick ins Inhaltsverzeichnis gibt ebenfalls vorweg zu erkennen, daß auf die „erste Betrachtung" der beiden Teile des Werkes – Schopenhauer nennt sie „Bücher" – schließlich eine „zweite Betrachtung" folgt, worin er zusätzliche Erklärungen zu jenen zwei Ansichten von der Welt abgibt.

Schopenhauers Vorgehensweise hat Tradition. Seit den Anfängen der Metaphysik mit Aristoteles folgt die wissenschaftliche Behandlung dieser philosophischen Disziplin auf die Darstellung der Physik. Aristoteles hatte seinen Schülern die Physik gelesen, um ihnen bewußt zu machen, daß Physik auf Voraussetzungen beruhe, die in ihr selbst nicht zur Sprache kommen können. Aus diesem Grund beinhalten die Vorlesungsmanuskripte des Aristoteles im Anschluß an die Physik ein Buch, das später *meta-ta-physica* und von Aristoteles selbst *Erste Philosophie* genannt worden ist. Diese *Erste Philosophie* folgte zwar in der philosophischen Lehrpraxis bei Aristoteles chronologisch auf die Physik, sachlich gesehen und ihrem Wesen nach ist sie aber das Primäre *vor* der Physik.

Nicht anders verfährt Schopenhauer. Seine Physik ist dargestellt in demjenigen Teil, der die Welt als Vorstellung behandelt. Die Welt als Vorstellung jedoch hat viele Gesichter, genauso viele, wie es Gehirne in der Welt gibt, die diese Welt vorstellen. Über die wesentliche, primäre Welt erfahren wir Schopenhauer zufolge nur sehr wenig durch Hirntätigkeit, also durch Denken. Die Welt als Vorstellung beinhaltet die vielen Theorien und Modelle, in denen wir uns ein Bild von der Welt machen. Sie bleibt allerdings immer nur Bild und damit sekundär gegenüber der wirklichen Welt, der primären Welt, die Schopenhauer *Welt als Wille* nennt.

Die Welt als Vorstellung ist demnach nicht ausschließlich Physik. Schopenhauer versteht unter *Vorstellung* das Bild der gesamten Welt, so wie wir es uns durch alltägliche Erfahrung einerseits und durch diskursives Denken andererseits – also durch wissenschaftliche Forschung überhaupt – erschließen. Die Welt als Vorstellung ist die Welt, unterworfen dem Satz vom Grund. Damit setzt Schopenhauers Hauptwerk das Thema seiner Doktordissertation *Über die vierfache Wurzel des Satzes vom zureichenden Grunde* fort. Hier wie dort zeigt er, daß die erscheinende Welt vollständig strukturiert wird von *apriorischen* Leistungen des erkennenden Individuums. Diese sind für Schopenhauer, der Kants transzendentalen Ansatz drastisch vereinfacht, nur noch Raum, Zeit und Kausalität. Als physische ist die vorgestellte Welt insofern treffend charakterisiert, als es sich hier um die in Raum und Zeit, der Kausalität unterworfene Welt handelt. Aber genau diese Physik will Schopenhauer erweitern um eine Metaphysik. Im Buch *Adversaria* seiner Manuskriptbücher aus dem Jahre 1828 unterstreicht er diese Forderung. „Die *Physik* kann schlechterdings nicht sich selbst genügen und auf eigenen Füßen stehn", lautet es dort, „sondern bedarf einer *Metaphysik*, darauf sie ruhe." Sie erkläre die Erscheinungen durch ein ebenso fremdes als diese selbst, nämlich durch Kräfte, und alle ihre Erklärungen führten auf ein völlig Unbekanntes und durch sie Unerklärbares. Ihn stört die Idee einer *absoluten Physik*, die für keine Metaphysik Raum lasse. Er meint eine Physik, die „behauptete, ihre Erklärungen aus Ursachen, Wirkungen und Kräften erschöpfte das Wesen der Welt und lasse keinen Stoff zu fernerer Erklärung übrig: d. i. einen vollkommenen *Naturalismus*." (HN III, 399)

5.2 Von der transzendentalen Ästhetik zur Welt als Vorstellung

Schopenhauer versteht sich als unmittelbarer Fortsetzer der Transzendentalphilosophie Kants, die er unter erheblichen Abwandlungen für seine eigene Lehre fruchtbar zu machen bestrebt ist. Im *Anhang* des Werkes legt er ausführlich Rechenschaft ab über seine Vorbehalte gegenüber Kant. Dieser hatte in der *Kritik der reinen Vernunft* dargelegt, wie unser Sinnesapparat aus den Sinnesdaten eine durch Raum und Zeit bestimmte Anschauung konstruiert. Grundlegend für diesen Idealismus ist die Lehre von der *transzendentalen Idealität* und *empirischen Realität* von Raum und Zeit. Beide Bestimmungen gehören nicht zur Welt an sich, wie dies etwa Newton behauptet hatte, wenn er von einem *absoluten* Raum und einer *absoluten* Zeit sprach. Demgegenüber wird in Kants Erkenntnistheorie der einheitliche Zusammenhang der Dinge in Raum und Zeit durch den Sinnesapparat des Menschen synthetisiert.

Ebenso gehört die für Schopenhauer allein verbleibende Kategorie der Kausalität – bei Kant nur eine von zwölf Kategorien – nicht der an sich seienden Welt an. Wie Raum und Zeit wird auch Kausalität vom erkennenden Subjekt an die Erkenntnisgegenstände herangetragen. Insofern also die wahrgenommenen Dinge in Raum und Zeit auftreten und darin durch die Abfolge von Ursache und Wirkung bestimmt sind, gehören sie ausschließlich zur *Welt als Vorstellung*. Eine Welt, die nicht durch Raum, Zeit und Kausalität bestimmt ist, kann sich der Mensch gar nicht *vorstellen*. Die Welt aber, die durch Raum, Zeit und Kausalität bestimmt ist, hat das erkennende Subjekt bereits seinem Erkenntnisvermögen angepaßt. Sie verrät daher mehr über letzteres als über die vom Subjekt unabhängige, an sich seiende Welt.

Die von Kant vorgenommene Trennung der Welt in *Ding an sich* und Erscheinung bleibt – zunächst – auch für Schopenhauer verbindlich. Schopenhauer wird, auf den Spuren der nachkantischen Philosophie, das *Ding an sich* als erscheinendes Wesen auslegen. Die *Welt als Vorstellung* ist die Erscheinung, die *Welt als Wille* ihr Wesen, das sich in der Erscheinung objektiviert.

Während Kant eine Erkenntnis des Wesens der Welt – für ihn das *Ding an sich* – ausschließt, zielt Schopenhauers Philosophie auf eine – vermittelte – Erkenntnis dieses Wesens ab. Er will wissen, was hinter den Erscheinungen liegt; Schopenhauer zielt ab – das wird auch hier sichtbar – auf eine *Metaphysik*. Er begnügt sich nicht mit der vordergründig physikalischen Daseinsweise der Dinge. Daher erklärt er jenes Kantische *Ding an sich* für intuitiv erkennbar und identifiziert es mit dem, was er den *Willen* nennt. „Das *Ding an sich erkennen*", lautet es in einer Bemerkung aus dem Jahr 1824, „ist ein Widerspruch, weil alle Erkenntnis *Vorstellung* ist. Ding an sich aber bedeutet das Ding, sofern es *nicht* Vorstellung ist." (HN III, 178) Das Wesen der Welt ist uns bekannt, aber nicht primär vermittels des Intellekts, sondern des Leibes.

Stets aufs neue preist Schopenhauer die Errungenschaften der Kantschen Transzendentalphilosophie und deren Zuständigkeit für die Erkenntnis der erscheinenden Welt, also für die *Welt als Vorstellung*. Doch seine Ausführungen sind gleichzeitig motiviert

von der Überzeugung der Unzulänglichkeit des transzendentalen Idealismus für eine Erschließung des Wesens der Welt, also der *Welt als Wille*. „Die Welt ist meine Vorstellung", lautet der Paukenschlag, mit dem Schopenhauer sein Werk einleitet; und schon wenige Zeilen später steigert er diesen idealistischen Grundsatz in der verallgemeinerten Formulierung: „Die Welt ist Vorstellung."
„Die Welt ist Vorstellung" – oder, um es mit Berkeley zu sagen: *esse est percipi* („Sein heißt aufgefaßt werden") –, das ist ein Satz, der in dieser Radikalität eigentlich keine Ausnahme duldet. Gleichwohl hat Schopenhauer bereits eine darüber hinausgehende Betrachtungsart der Welt vor Augen; diese aber, welche die *Welt als Wille* behandelt, muß zunächst einmal zurücktreten gegenüber der Betrachtung der *Welt als Vorstellung*. Nur von ihr handelt das erste Buch des Hauptwerks.

Die Welt als Vorstellung zerfällt selbst wieder in zwei Hälften, auch sie sind bekannt aus der Doktordissertation. Eine der Hälften ist das Objekt, die andere das Subjekt. Keine tritt jemals ohne die andere auf. Wenn ein Objekt erkannt wird, dann ist auch ein Subjekt daran beteiligt, das dieses Objekt erkennt. Bis zu dieser Einsicht, weiter nicht, war der Idealismus nach Schopenhauers Auffassung fortgeschritten. Er berücksichtigt aber nicht, daß sich in der idealistischen Behandlung der Wechselbeziehung von Objekt und Subjekt die Relation von Wesen und Erscheinung widerspiegelt. Auch im weiteren schließt Schopenhauers Hauptwerk an die Ergebnisse seiner Doktordissertation an, worin er ausführlich dargelegt hatte, was es heißt, Objekt zu sein, nämlich *Objekt für ein Subjekt*. Der erste Teil des Hauptwerks, die *Welt als Vorstellung*, der – metaphysisch betrachtet – seine Physik ist, ist zugleich Darstellung der „idealistischen Grundansicht" der Welt. (W II, 9)

5.3 Das Rätselwort *Wille*

Schopenhauers Kant-Kritik macht die Stoßrichtung seiner eigenen Lehre sichtbar. Kant habe sich nicht klargemacht, so Schopenhauer, daß sein *Ding an sich*, das er selbst ein „Gedankending" nennt, niemals die wirkliche Ursache der Erscheinungen sein könne, schon gar nicht die unbekannte Ursache der Erscheinungen; schließlich habe das erkennende Bewußtsein es selbst hervorgebracht. Dieses *Ding an sich* war für Kant zudem die absolute Realität, es war jenseits von Raum und Zeit. Es sollte unerkennbar sein, weil nur Dinge in Raum und Zeit Erkennbarkeit besitzen durften. Also war es *definitionsgemäß* unerkennbar – mehr auch nicht. Denn das „Gedankending", als welches Kant das *Ding an sich* bezeichnete, sollte gar kein besonderes Ding sein, sondern ein Akt des Verstandes, wie er später betonte.

Jenes Kantische *Ding an sich*, das die vom Denken unabhängige Realität repräsentieren sollte, kann diesem Anspruch nicht entsprechen. Zu Recht hebt Schopenhauer hervor, daß dieses „Ding an sich ... ein erträumtes Unding und dessen Annahme ein Irrlicht in der Philosophie" ist. (W I, 31) Wenn das Ding an sich wirklich die vom Subjekt-Objekt-Verhältnis unabhängige Realität repräsentieren sollte, so dürfte es nicht aus einer Denknotwendigkeit entsprungen, sondern müsse aus dem Stoff der Welt selbst erbaut sein.

Was aber ist für Schopenhauer der Stoff der Welt, wenn selbst die ausgedehnte und solide Materie durch die Bestimmungen von Raum und Zeit einzig in der *Welt als Vorstellung* existiert? Der Stoff der Welt, das ist für Schopenhauer *der Wille*. Folglich ist das *Ding an sich* für Schopenhauer identisch mit dem *Willen*. Vom Willen läßt sich nicht mehr einfach sagen, er sei nur ein Gedankending. Zweifellos ist er im Gedanken, bevor er ausgesprochen werden kann. Aber im Leib gibt sich sein irrationales Wesen kund, bevor er als Gedanke gefaßt wird. Weil der Wille nicht nur im Kopf gedacht wird, sondern eine reale Basis im Leib hat, kann er nicht durch Denkoperationen beseitigt werden wie ein abstraktes *Ding an sich*, das allein im Denken seine Realität findet. Von keinem anderen *Ding* besitzt der Mensch gleichermaßen verbindliche Erkenntnis, die ohne Mitwirkung von Denkoperationen zustande gekommen wäre, als von seinem eigenen Leib. Es läßt sich schwer leugnen, daß der Überlebenstrieb und Hunger auch dann noch da sind, wenn wir aufhören, diskursiv zu denken. So ist der Wille nicht eine unerkennbare Größe, sondern das „unmittelbar Bekannte". (W I, 143)

Diese Überlegungen zeigen, daß Schopenhauer mit dem Terminus *Wille* ein *Problemfeld* umschreibt. Die *Welt als Wille* erfaßt das Bleibende, das den wechselnden Erscheinungsformen der Raum und Zeit unterworfenen Vorstellungen zugrunde liegen soll. Sie ist die *wesentliche* Welt. Nicht durch das Denken haben wir Kenntnis von ihr, obgleich der Wille auch zum Gegenstand des Denkens werden kann. Dann aber stellt er sich in Objekten neben anderen Objekten dar, die Objekte für ein Subjekt sind; dann ist er eingegangen in die Formen der Welt als Vorstellung. Der Wille selbst liegt jenseits von Raum, Zeit und Kausalität. Dieses formale Kriterium teilt der Wille mit dem Kantischen *Ding an sich*.

Wie aber soll dasjenige, was jenseits von Raum, Zeit und Kausalität liegt, unmittelbar bekannt sein? Wie können wir überhaupt Kenntnis haben von etwas, das von der erscheinenden Welt grundsätzlich verschieden ist? Schopenhauers Antwort ist lakonisch: Wir haben Kenntnis vom Willen, weil der Wille identisch ist mit unserem Leib. „Mein Leib und mein Wille sind Eines", schreibt Schopenhauer. (W I, 146) Mein Leib ist das erste Objekt meiner Erkenntnis, und zugleich manifestiert sich in meinem Leib etwas, was selbst unmittelbar niemals Objekt wird, nämlich der Wille. Durch meinen Leib werde ich mit dem Wesen der Welt vertraut, während sich mein Denken nur mit Erscheinungen befassen kann. Die Verbindung von Wille und Leib führt den Willen aus Raum, Zeit und Kausalität heraus, weil diese allein im Denken gründen.

Das riesige Problemfeld, das mit dem Wörtchen *Wille* umschrieben ist, eröffnet sich Schopenhauer, indem er sich bewußt macht, daß der Mensch nicht vorrangig ein erkennendes Wesen ist, sondern ein wollendes. Das erste, was der Mensch von sich weiß, ist das Wissen um sein Wollen. Noch bevor sich Erkenntnisinteressen regen, regt sich im Menschen der Wille. Er ist Wille zum Dasein und Wohlsein, ist Hunger, Trieb, Überlebenstrieb. Der Wille ist die Urkraft in allem Dasein und manifestiert sich als Schwere, als Anziehungskraft, als Lebenstrieb, als Fortpflanzungstrieb. Der Leib selbst wird so zu dem in Raum und Zeit erscheinenden Willen. Dadurch trägt die Erscheinung Züge der wesenhaften Welt. Das Wesen – der Wille –, „die Theile des Leibes", fährt Schopenhauer fort, „müssen deshalb den Hauptbegehrungen, durch welche der Wille sich manifestirt, vollkommen entsprechen, müssen der sichtbare Ausdruck derselben seyn: Zähne, Schlund und Darmkanal sind der objektivirte Hunger; die Genitalien der objektivirte Geschlechtstrieb; die greifenden Hände, die raschen Füße entsprechen dem schon mehr mittelbaren Streben des Willens, welches sie darstellen." (W I, 153) Erst zuletzt tritt so etwas in Erscheinung wie der Erkenntnistrieb. Dieser aber ist relativ schwach ausgebildet und schon gar nicht bei allen Menschen vorhanden. Ebenso verhält es sich mit Vernunft. Alle diskursiv gewonnene Erkenntnis ist für Schopenhauer reines „Hirnphänomen" und damit an den Leib und seine Organe gebunden.

Was jeder Mensch als Gefühl besitzt, bezeichnet Schopenhauer als Kenntnis des Wesens des Leibes, als Kenntnis vom Willen. Mit der Wahrnehmung des Willens hat der Mensch Zugang zum inneren Wesen der Welt. Im Willen weiß sich der Mensch mit jeder anderen Kreatur verbunden; der Wille ist das Einheit stiftende Prinzip der Welt. Raum und Zeit dagegen bestimmen die individuelle Natur, sie sind *principium individuationis*. Unterirdisch oder übernatürlich, also nicht lokalisierbar in der durch Raum, Zeit und Kausalität geprägten physischen Welt, schafft der metaphysische Wille die einheitliche Basis allen Daseins. Nicht im Geiste sind alle Menschen eins, sondern im Wollen sind sie verbunden – die Menschen untereinander und mit allen übrigen Kreaturen. Die naturalistische Basis der Willensmetaphysik erlaubt keine wesentliche Unterscheidung zwischen Mensch und Tier, vielmehr erinnert sie an die animalische Natur des Menschen. Der unstillbare Wille ist eine in Mensch und Tier stets fließende Reizquelle. „Nach jedem Atemzug ist die Stille schon Bedürfnis nach dem folgenden", wie Horkheimer in einem sprechenden Bild die Allgegenwart des Willens beschreibt, „und in jedem Augenblick, in dem es nicht befriedigt wird, wächst die Not und das Bewußtsein, bis er erlischt. Der Atem steht für das Leben. Nicht anders ist es mit Essen und Trinken bestellt; wer davon abgeschnitten ist, muß danach ringen, und je höher das Lebewesen in der Stufenreihe, desto raffinierter, desto unersättlicher wird der Kampf." (Horkheimer VII, 132)

Auf zweifache Weise ist dem Menschen der Wille gegeben. Zum einen kann er Objekt der Erkenntnis sein, dann nämlich, wenn wir ihn als Motiv einer Handlung oder Grund von Bewegung mit rationalen Gedanken verfolgen. Dabei entstehen die Formen, die das diskursive Denken hervorbringt, wenn es die Verhältnisse der erscheinenden Welt auf die Wirkungsweisen des Satzes vom zureichenden Grund zurückführt. Hier hat es der Mensch letztlich auch nur mit „Objektivationen des Willens" –

wie Schopenhauer sagt – zu tun. Zum anderen aber ist der Wille auf intuitive Weise als dumpfer Trieb gegeben. Dann erschließt sich sein Wesen auf mystische Weise. Im Dritten Buch stellt der Philosoph schließlich einen Zugang zur Welt als Wille vor, der nicht diskursiv schließend verfährt, gleichwohl aber in der Welt als Vorstellung auftritt: die „Platonische Idee".

Wie Platon möchte Schopenhauer „Idee" verstehen, nicht wie Kant. Dieser hatte die Ideen aus der Vernunft hervorgehen lassen, also vom Denken abhängig gemacht, während Platon die Ideen zum Inbegriff der Realität und vom Denken unabhängig erklärte. Unveränderliche Formen und das Bleibende jenseits von einer in Raum und Zeit vergänglichen Welt sollten sie sein. Schopenhauer zitiert ausführlich (W I, § 31 und § 36) aus dem berühmten *Höhlengleichnis* Platons. Wie Platon betrachtet Schopenhauer die erscheinende Welt als eine Welt der Schatten, deren eigentliche Wirklichkeit im Licht gesucht werden müsse. Das Licht selbst allerdings werde nur im Wechselspiel mit seinen Schatten sichtbar. Reines Licht zu schauen ist den Menschen versagt. Aber ein untilgbares Streben vom Dunklen ans Licht begleitet die Entwicklung der Gattung Mensch – selbst dann, wenn es nur einzelnen Individuen gelingt, aus der Dunkelheit der Unbewußtheit aufzusteigen. Schopenhauers Kunstverständnis, dem wir uns später widmen werden, gewinnt erkenntnistheoretische Bedeutung durch den Rückbezug auf Platons Ideenlehre. Die Beschreibung des Charakters eines Genies zeigt den genialen Künstler als einen Menschen, der das Wesen der Welt erkannt hat. „Diejenigen, welche außerhalb der Höhle das wahre Sonnenlicht und die wirklich seienden Dinge (die Ideen) geschaut haben, können nachmals in der Höhle, weil ihre Augen der Dunkelheit entwöhnt sind, nicht mehr sehn, die Schattenbilder da unten nicht mehr recht erkennen, und werden deshalb, bei ihren Mißgriffen, von den Andern verspottet, die nie aus dieser Höhle und von diesen Schattenbildern fortkamen." (W I, 245 f.)

Das Wesen muß erscheinen, lautet Hegels programmatische Forderung im zweiten Buch seiner *Wissenschaft der Logik*. Obgleich Schopenhauer keine Gelegenheit ungenutzt läßt, seinen Unmut gegen die „geistesverderbliche und verdummende Hegelsche Afterphilosophie" (W II, 520) zu bekunden, veranschaulicht seine Rede vom Willen als dem „Wort des Räthsels" (W I, 143) genau jene erstmals von Hegel gegen Kant vorgebrachte Forderung nach Erkennbarkeit des Wesens der Welt. Der Grundbegriff „Wesen" repräsentierte in Kants Philosophie das unerkennbare Andere der Erscheinung. Indessen forderte Hegel die Anerkennung des Wesens als Grund der Existenz der Erscheinung. In der Erscheinung einer Sache soll sich ihr Wesen widerspiegeln. Die philosophischen Aussagen müssen mit ihren Gegenständen verwandt sein. Eine Erscheinung, die nicht das Wesen zur Erscheinung brächte, hat kaum philosophisches Gewicht. Wie sollte in der Erscheinung etwas anderes erscheinen als das Wesen? Platonisch formuliert würde diese Frage lauten: Wie sollte die Erscheinung etwas anderes sein als die sichtbar gewordene Idee? Platons wie Schopenhauers Philosophie sind bemüht, die Verwandtschaft philosophischer Aussagen mit ihren Gegenständen darzulegen. Eine Philosophie, die den *Geist* zum Wesen der Welt erklärte, müßte sich der Aufgabe stellen zu zeigen, wie der Geist, der die Welt durchherrschen soll, im einzelnen auch zur Erscheinung käme. Beharrt eine solche Philosophie auf der Auskunft, daß der Geist gar nicht zur Erscheinung komme, sondern immer nur hinter der Welt und den Dingen verborgen bleibe, dann muß sie sich eine andere unangenehme Frage stellen lassen: Woher soll man denn von einem wesentlichen Geist wissen können, wenn er doch nirgendwo – auch nicht im Denken des Philosophen, der so spricht – zur Erscheinung komme. Läßt sich indessen ein Geist-Philosoph von der Idee leiten, daß *alles* die Erscheinung des Geistes sei – so nämlich verfährt Hegel in seiner *Phänomenologie des Geistes* –, dann weckt das Wörtchen *alles* ein neues Unbehagen; denn man hat hierbei nur *alles* und *Erscheinung des Geistes sein* logisch miteinander identifiziert. Diesem Verdacht der Tautologie, den Schopenhauer zu Recht gegen Hegel hegt, entgeht die Willensmetaphysik, indem sie zwei Daseinsweisen des wollenden Menschen ausmacht: eine in der Welt als Vorstellung, die andere in der Welt als Wille. Der Leib wird dabei zum Bindeglied. In der Vorstellung tritt der Wille als Gedanke in Erscheinung, als Objekt für ein Subjekt, im Leib erfahren wir den Willen unmittelbar als ein Wollendes. Beides sind nicht zwei miteinander unvereinbare Welten, sondern nur zwei Erscheinungsweisen derselben Welt, die mit der Doppelnatur des Menschen als einem denkenden und einem wollenden kongruent sind. Wenn das Dasein wesentlich

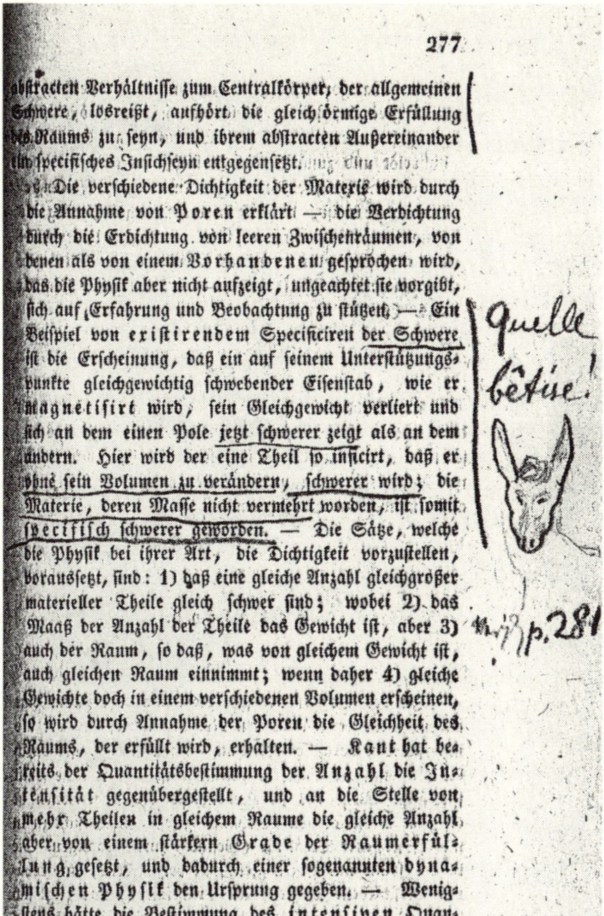
277

abstracten Verhältnisse zum Centralkörper, der allgemeinen Schwere, losreißt, aufhört die gleichförmige Erfüllung des Raums zu seyn, und ihrem abstracten Außereinander ein specifisches Insichseyn entgegensetzt.

Die verschiedene Dichtigkeit der Materie wird durch die Annahme von Poren erklärt — die Verdichtung durch die Erdichtung von leeren Zwischenräumen, von denen als von einem Vorhandenen gesprochen wird, das die Physik aber nicht aufzeigt, ungeachtet sie vorgibt, sich auf Erfahrung und Beobachtung zu stützen. — Ein Beispiel von existirendem Specificiren der Schwere ist die Erscheinung, daß ein auf seinem Unterstützungspunkte gleichgewichtig schwebender Eisenstab, wie er magnetisirt wird, sein Gleichgewicht verliert und sich an dem einen Pole jetzt schwerer zeigt als an dem andern. Hier wird der eine Theil so inficirt, daß er, ohne sein Volumen zu verändern, schwerer wird; die Materie, deren Masse nicht vermehrt worden, ist somit specifisch schwerer geworden. — Die Sätze, welche die Physik bei ihrer Art, die Dichtigkeit vorzustellen, voraussetzt, sind: 1) daß eine gleiche Anzahl gleichgroßer materieller Theile gleich schwer sind; wobei 2) das Maaß der Anzahl der Theile das Gewicht ist, aber 3) auch der Raum, so daß, was von gleichem Gewicht ist, auch gleichen Raum einnimmt; wenn daher 4) gleiche Gewichte doch in einem verschiedenen Volumen erscheinen, so wird durch Annahme der Poren die Gleichheit des Raums, der erfüllt wird, erhalten. — Kant hat bereits der Quantitätsbestimmung der Anzahl die Intensität gegenübergestellt, und an die Stelle von mehr Theilen in gleichem Raume die gleiche Anzahl, aber von einem stärkern Grade der Raumerfüllung, gesetzt, und dadurch einer sogenannten dynamischen Physik den Ursprung gegeben. — Wenigstens hätte die Bestimmung des intensiven Quantums so viel Recht als die des extensiven, auf welche

Abb. 8: Randnotizen Schopenhauers in Hegels „Phänomenologie des Geistes"

Wollen ist, dann ist das Bemühen, einen freien Willen im Intellekt nachzuweisen, vergeblich. Das Wollen ist primär im Leib anzutreffen, nicht im Intellekt, und die Beschaffenheit des Leibes ist dem Wollen ähnlich. Diese Trennung von Willen und Intellekt bestimmt die Naturphilosophie Schopenhauers gleichermaßen wie seine Moralphilosophie.

5.4 Physische und moralische Welt

Materiale Identität von Geist und Materie

Der Leib als das primäre Objekt für das Subjekt wird in Schopenhauers Hauptwerk zur Schaltstelle zwischen Metaphysik und Physik. Indem sich im Leib der metaphysische Wille artikuliert, ist er Natur und Übernatur zugleich. Physik ist er, weil er durch das Gehirn in die Welt als Vorstellung eingeht; Metaphysik ist er, weil dieser Leib nicht allein im Kopf existiert. Mit einem Stoff, der nicht allein stofflich ist, hat es vor allem die Physiologie zu tun, die die empirische Basis des Schopenhauerschen Weltbildes liefert. Schopenhauers naturphilosophische Schrift *Über den Willen in der Natur* kommt hierauf zurück. „Meine Metaphysik", rühmt er hier seinen Denkansatz, „bewährt sich … als die einzige, welche wirklich einen gemeinschaftlichen Gränzpunkt mit den physischen Wissenschaften hat. … Daher schwebt mein System nicht, wie alle bisherigen, in der Luft, hoch über aller Realität und Erfahrung; sondern geht herab bis zu diesem festen Boden der Wirklichkeit, wo die physischen Wissenschaften den Lernenden wieder aufnehmen." (WiN, 201 f.)

Dem physiologischen Materialismus der französischen Aufklärer verdankt er die Einsicht in die materiale Identität von Geist und Materie. Schopenhauer nennt ausdrücklich den Arzt Pierre J. G. Cabanis (1757–1808), dessen Werk *Rapports du physique et du moral de l'homme* er 1824 in zweiter Auflage kennenlernte, aber auch die Physiologen und Philosophen Marie F. X. Bichat (1771–1802), Paul-Henri Th. d'Holbach (1723–1789), Étienne B. de Condillac (1714–1740) sowie Claude A. Helvétius (1715–1771). (Vgl. hierzu Schmidt 1989, 45) Schonungslos hatte die sensualistische Linie des französischen Materialismus jede Annahme einer zweiten Seinsart neben der Materie für entbehrlich erklärt. Ihre Autoren stellen die Kräfte der physikalischen Natur in eine Parallele zu den bewegenden Kräften der Seele. Dadurch schwindet der traditionelle Wesensunterschied zwischen Leib und Seele. Die Bewegungsgesetze der Materie, die bekannt sind aus der mechanischen Physik, werden maßgeblich auch für die Motive zur Bewegung des menschlichen Körpers. Der Mensch stellt sich dar als eine hochkomplexe mechanisch arbeitende Maschine. Schließlich gründet für die genannten Autoren – die älteren von ihnen waren Mitarbeiter an der großen *Enzyklopädie* (1751–1780) von D'Alembert und Diderot – Moralphilosophie nur noch in der physisch-mechanistischen Welt. Das Moralische im Menschen erscheint als Modifikation des Physischen.

Nicht erst für Kant wird diese Haltung unannehmbar, schon für die christlich geprägte Philosophie seit Aurelius Augustinus (354–430) waren solche Überlegungen ungeheuerlich. Während Kant rationale Gründe für die Autonomie des Moralischen vorlegt und strikt vom Reich der Natur trennt, folgen für Augustinus die naturalistischen Vorstellungen, die in der französischen Aufklärung gängig werden, aus einer Seelenschwäche. *Unde hoc monstrum?* – „Woher kommt diese Ungeheuerlichkeit?" fragt er im Gebet seinen Schöpfer, den er anfleht um „Befreiung aus den Fesseln des Beischlafs"; denn er sieht sich umringt von „sich ergießender Sinnenlust des Leibes". (Augustinus, *Bekenntnisse*, 384f. und 294f.) Sie komme daher, daß die Seele nur schwach auf den Leib einwirke. Nach seiner für die folgenden Jahrhunderte verbindlichen Ansicht ist der Mensch zusammengesetzt aus Leib und Seele. Dabei regiert die Seele als eigenständige Substanz den Leib. Sie gilt als der Sitz der Denkfähigkeit und Intellektualität des Menschen, und sie ist in gewissem Sinn gottähnlich.

Materialistische Denkansätze haben immer schon diese selbständige Existenz einer geistartigen Substanz in Zweifel gezogen. Zumindest hegten sie den Verdacht, daß eine derart luftige Substanz kaum der Macht und Gewalt physischer Materie gewachsen sein könnte. Aus dem Zweifel erwächst Unglaube, und am Ende steht die Erkenntnis, daß jene Seele nicht nur außerstande wäre, den Körper zu (moralischem) Handeln zu bewegen, sondern der Glaube an ihre Macht erscheint überdies als das stärkste Hindernis für wirkliche Moralität. „Das Dogma von der Spiritualität", so lautet es in Horkheimers Übersetzung einschlägiger Passagen von Holbachs *Système de la nature*, „hat aus der Moral eine bloß vermutende Wissenschaft gemacht, die uns keineswegs die wahren Mittel kennen lehrt, die man benutzen muß, um auf die Menschen zu wirken." Die Ärzte und Physiologen der französischen Aufklärung wollten eine „Naturwissenschaft des Geistes" errichten, kommentiert Horkheimer die Absicht der Enzyklopädisten. Sie sollte jede „Gedankenbewegung aus ihren physiologischen Bedingungen, das heißt aus Vorgängen im Nervensystem" erklären. (Horkheimer IX, 373 u. 375)

Im nachrevolutionären Frankreich, aber auch im vormärzlichen Deutschland amalgamiert diese Philosophie des Sensualismus sich mit naturwissenschaftlichen Forschungsmaximen, deren Ergebnisse Schopenhauer für seine Willensmetaphysik fruchtbar zu verwenden versteht. Allerdings unterstützt er diesen Stoffwechsel zwischen Naturwissenschaften und Philosophie nicht ohne Vorbehalte gegen „solche Herren von Tiegel und Retorte", denen er beibringen möchte, daß „bloße Chemie wohl zum Apotheker, aber nicht zum Philosophen befähigt" (WiN, 184). Sosehr Schopenhauer den von moralisierenden Voraussetzungen freigehaltenen, ungeschönten Blick auf die Natur und ihre Triebkräfte, die jeder sittlichen Tendenz widerstreben, willkommen sind, so wenig behagt ihm das Mechanistische an jener Natur- und Moralauffassung. Deutlich spricht er 1847 in der Vorrede zur zweiten Auflage seiner naturphilosophischen Schrift dieses Unbehagen an der damals herrschenden Denkweise aus und beklagt vor allem zwei Mängel. Einerseits drohe der „beispiellos eifrige Betrieb sämmtlicher Zweige der Naturwissenschaft, welcher, größtentheils von Leuten gehandhabt, die nichts außerdem gelernt haben, … zu einem krassen und stupiden Materialismus zu führen, an welchem das *zunächst* Anstößige nicht die moralische Bestialität der letzten Resultate, sondern der unglaubliche Unverstand der ersten Principien ist; da sogar die Lebenskraft abgeleugnet und die organische Natur zu einem zufälligen Spiele chemischer Kräfte erniedrigt wird." (WiN, 183 f.) Andererseits sei es der „Unglaube, als welcher mit den immer weiter sich verbreitenden empirischen und historischen Kenntnissen jeder Art nothwendig und unvermeidlich Hand und Hand geht. Dieser droht, mit der Form des Christenthums auch den Geist und Sinn desselben (der sich viel weiter als es selbst erstreckt) zu verwerfen und die Menschheit dem *moralischen* Materialismus zu überliefern, der noch gefährlicher ist, als der oben erwähnte chemische." (WiN, 185) Schopenhauer empört sich über die Metaphysiklosigkeit der Naturwissenschaften, über deren Positivismus. Physik müsse am Ende zur Metaphysik kommen; denn zuletzt, wenn sie nach zahlreichen Verzweigungen mit ihren Erklärungen am Ende sei, dann stehe sie vor dem „*Metaphysischen*, welches sie nur als ihre Gränze, darüber sie nicht hinaus kann, wahrnimmt, dabei stehn bleibt und nunmehr ihren Gegenstand der Metaphysik überläßt". (WiN, 204) Die Lebenskraft zu verneinen, nur weil sie mit physikalischen Maßstäben nicht meßbar ist, scheint ihm verfehlt; er führt die alte Lebenskraft statt dessen zurück auf den Willen. (Vgl. WiN, 230) Naturgemäß stehen die dynamisch-vitalistischen Naturauffassungen, in welchen die bloße Materie mit ihren Bewegungsgesetzen nicht zugleich die letzten Prinzipien der Natur sind, seinem Denken am nächsten.

Was ihn an den physiologischen Arbeiten der Zeit interessiert, das ist das von ihnen durch empirische Forschung aufgedeckte Zusammenspiel von bewußtlosem Willen und dessen sichtbaren Objektivationen. So sind es zunächst die Arbeiten des angesehenen französischen Physiologen Flourens, in denen er weitgehende Bestätigungen seiner Willensmetaphysik durch empirische Wissenschaft erkennt. Flourens vertrat gegenüber den Positionen des radikalen Sensualismus eher eine dualistische Auffassung vom Zusammenwirken zwischen Seele und Körper. Ihm zufolge sollte die Seele zwar nicht aus einer vom Leib ontologisch verschiedenen Substanz bestehen, aber – wie seine Entdeckungen zur Funktion des Groß- und Kleinhirns nahelegten – er verlagerte ihre Tätigkeit in die Großhirnrinde und erbrachte damit den Nachweis, daß Sinnlichkeit und Denkvermögen nicht identisch sein müssen. Flourens Konsequenzen laufen auf eine „Revision des extremen Sensualismus der Schule Condillacs" hinaus. (Schmidt 1989, 44)

Die von Flourens aufgezeigte Verschiedenheit von Denkvermögen und Sinnlichkeit fügt sich zwanglos in den von Schopenhauer vorausgesetzten physisch-metaphysischen Doppelcharakter des Willens ein: Zum einen gehört der Wille der Sphäre des Geistes an, sofern seine Objektivationen die Welt als Vorstellung bilden; zum anderen offenbart er sich in der Sinnlichkeit, wo er als dunkler Drang und Trieb empfunden wird. Beide Erscheinungsweisen des Willens sieht Schopenhauer im Leib zu einer Einheit verbunden.

In den Überlegungen des Vitalisten Bichat findet Schopenhauer den physiologischen Kommentar zu seinen eigenen philosophischen Ausführungen. Am ehesten aber trifft er sich mit den Ansichten Cabanis'. „Die wahre Physiologie, auf ihrer Höhe", lautet es in seiner naturphilosophischen Schrift mit Bezug auf Cabanis,

„weist das Geistige im Menschen (die Erkenntniß) als Produkt
seines Physischen nach; … aber die wahre Metaphysik belehrt
uns, daß dieses Physische selbst bloßes Produkt, oder vielmehr
Erscheinung, eines Geistigen (des Willens) sei, ja, daß die Materie
selbst durch die Vorstellung bedingt sei, in welcher allein sie exi-
stirt." (WiN, 220) Indem er Cabanis folgt, erhebt Schopenhauer
die Physiologie in den Rang einer Grundwissenschaft. Von dieser
Einsicht in die Grundfunktionen des Lebens, in denen unbewußt
höhere Strukturen angelegt sind, will Schopenhauer zur Erklärung des Intellekts aufsteigen. Kann die „*Materie* als Schwere
streben, oder, als Elektricität, anziehn, abstoßen und Funken
schlagen; so kann sie auch als Gehirnbrei denken". (P II, 118)
Gleichwohl hält Schopenhauer bei dieser Betrachtungsweise erst
einmal an der vollständigen Trennung zwischen Intellekt und
Willen fest. Damit umgeht er – wie er meint – den „Grundirrtum
aller Philosophen", welche den Intellekt in den Willen verlegen
und diesen damit idealisieren. (W II, 239) Der Wille ist das Primäre, der Intellekt das Sekundäre. Der Intellekt, wie der Muskel
eines Armes, ermüdet beim Gebrauch, der Wille hingegen ist un-
ermüdlich. (P II, 245) Der Intellekt gehört zur Welt der Erscheinung, er unterliegt Raum, Zeit und Kausalität – eben: der Ver-
gänglichkeit. Gleichwohl hebt Schopenhauer an anderen Stellen
hervor, daß der Intellekt selbst Wille ist: Wille zur Erkenntnis.
(Vgl. W I, 499)

Ebenso wie der Intellekt ist auch die Materie – wie früher
schon gezeigt – nicht Ding an sich oder Wille. Ihre Stufen des
Aufstiegs vom Mechanismus über Chemismus und Animalismus
bis hin zum Bewußtsein – eine Systematik, die Schelling in die
Naturphilosophie eingeführt hatte – sind für Schopenhauer *Ob-
jektitäten* oder *Objektivationen* des Willens. Sie gehören als das
Sichtbare des Willens immer noch der Welt der Erscheinungen an.
Aber es gibt Übergänge, deren neue materialistische Dimension
von Ernst Bloch deutlich hervorgehoben wird. „Wenn das Ding
an sich in der Selbsterfahrung, nur unter dem dünnen Schleier der
Zeit verborgen, als Wille erscheint, so erscheint dieser in der äußeren Erfahrung, mit Zeit, Raum und Kausalität tingiert, als Materie, *differenziert* aber ist diese Materie in den Stufen der Wil-
lenswelt, eben in den natürlichen *Objektivationen des Willens*."
(Bloch, 1985b, 274) Blochs eigenem Denken steht die Entwick-

lungstheorie Schopenhauers nahe. Auf der ersten Stufe seiner Objektivationen ist der Wille nur die Vielheit allgemeinster Kräfte. Er artikuliert sich in der gesamten unorganischen Natur als blinder Drang, als finsteres, dumpfes Treiben. Mit jeder weiteren Stufe objektiviert er sich deutlicher und individueller, ganz wie die Vorstellungs-Stufen der Monaden von Leibniz. In der Pflanzenwelt sind die Reize noch eine „finstere treibende Kraft" (W I, 201). Hier herrschen statt Ursachen Reize. Sie regeln die kausale Beziehung in den vegetativen Erscheinungen. Die höhere Stufe der Objektivation, die mit den tierischen Organismen einsetzt, ist dadurch gekennzeichnet, daß die Bedürfnisse nicht länger durch Abwarten eines Reizes befriedigt werden können. Ein Individuum vermag nicht mehr durch bloße Reize die Assimilation in Gang zu setzen; das Auftreten des Reizes gehorcht nicht dem Konkurrenzverhalten mit anderen Individuen derselben Art. Im Gedränge mit anderen Individuen stören die Einzelwesen sich gegenseitig und machen einander die vorhandene Nahrung streitig. Jetzt müssen Motive die Reize ersetzen. Daher setzt schon beim Tier Erkenntnis ein – ein Hilfsmittel also, das die blind wirkenden Reize teilweise ersetzt. So wird der Intellekt schon auf der Stufe des Tieres zum bloßen Werkzeug im Überlebenskampf. Das erste Auftreten der *Welt als Vorstellung* ist damit markiert. Der Gegensatz von Subjekt und Objekt, die Verhältnisse in Raum und Zeit, Vielheit und Kausalität, diese Bestimmungen treten jetzt in Erscheinung. Bisher war die Welt nichts als Wille, nun ist sie zugleich Vorstellung.

Das „unzähligen Verletzungen ausgesetzte Wesen, der Mensch", fährt Schopenhauer bei der Darlegung seiner Entwicklungstheorie fort, „mußte, um bestehn zu können, durch eine doppelte Erkenntniß erleuchtet werden, gleichsam eine höhere Potenz der anschaulichen Erkenntniß mußte zu dieser hinzutreten, eine Reflexion jener: die Vernunft als das Vermögen abstrakter Begriffe. Mit dieser war Besonnenheit da, enthaltend Überblick der Zukunft und Vergangenheit, und, in Folge derselben, Überlegung, Sorge, Fähigkeit des prämeditirten [vorbedachten], von der Gegenwart unabhängigen Handelns, endlich auch völlig deutliches Bewußtseyn der eigenen Willensentscheidungen als solcher." (W I, 203) Zwar hat dieser Mensch nun durch Vernunft und Besonnenheit ein weiteres Hilfsmittel erlangt, zugleich aber steigt die Möglichkeit von Täuschung und Irrtum ins Unermeßliche. Mit dem Auftreten von Vernunft und Herrschaft abstrakter Beweggründe ist die Sicherheit des Wollens nahezu vollständig verlorengegangen. Hierbei wird deutlich, daß nicht der Wille vom Intellekt abhängt, sondern umgekehrt, der Intellekt eine Funktion, ein Werkzeug des Willens ist, in dessen Dienst er beim Tier wie beim Menschen steht.

Diese revolutionäre Umwertung des Verhältnisses von Willen und Intellekt folgt dem physiologischen Materialismus der französischen Aufklärung insoweit, als schon dort gezeigt wird, daß es zur Erklärung des menschlichen Handelns nicht der Annahme einer zweiten Seinsart – der Seelensubstanz – neben der Materie bedarf. Die von Schopenhauer dennoch geäußerten Vorbehalte gegenüber dieser Denkweise betreffen die Absolutsetzung des physischen Leibes oder der Materie. Physischer Leib und Materie sind für Schopenhauer keine letzten Prinzipien, sondern nur Objektivationen des Willens. Das eigenartige Verhältnis von Leib und Wille in Schopenhauers Lehre erweitert jenen Materialismus um eine metaphysische Dimension. Diese erklärt sich aus der Doppelrolle des Leibes. Zum einen ist er gegenwärtig in Raum und Zeit und dadurch erstes Objekt für das Subjekt. Zum anderen aber ist er als unser *Wollen* die „einzige Gelegenheit, die wir haben", so Schopenhauer, „irgend einen sich äußerlich darstellenden Vorgang zugleich aus seinem Innern zu verstehn, mithin das einzige uns unmittelbar Bekannte und nicht, wie alles Übrige, bloß in der Vorstellung Gegebene. Hier also liegt das Datum, welches allein tauglich ist, der Schlüssel zu allem Andern zu werden, oder, wie ich gesagt habe, die einzige, enge Pforte zur Wahrheit." (W II, 229) Die „Pforte zur Wahrheit" wird nicht durch intellektuelle Leistungen durchschritten, sind diese doch bloße Hirnphänomene im Dienste des Willens. In der Auffassung, daß Hirnphänomene nicht die letzte Wahrheit über die an sich seiende Welt sind, bestärkt ihn der physiologische Materialismus.

Um zu verhüten, daß die Kenntnis des Leibes für die Philosophie selbst wieder ein bloßes Hirnphänomen bleibt, bedarf es einer Ontologie des leiblichen Daseins, also einer Antwort auf die Frage, was denn der Leib außer der Tatsache sei, daß wir ihn vorstellen. Schopenhauer antwortet: Der Leib ist identisch mit dem Willen, also jenem alles beherrschenden Naturdrang, dessen Ausdruck wir auch dann als Wille zum Dasein und Wohlsein spüren, wenn wir nicht denken. Der Leib und damit auch der Wille haben eine eigene Natur. Willensmetaphysik als eine Ontologie der leiblichen Existenz vergegenwärtigt dem Bewußtsein, daß es sein Dasein und seine Einheitlichkeit nicht durch Denken begründen kann. Der bleibende Träger aller Denkinhalte ist der Leib.

Während die Kantische Transzendentalphilosophie die Einheit aller natürlichen Dinge als durch intellektuelle Leistungen konstituiert lehrt, entnimmt Schopenhauer die Lehre von der Einheit der Welt nicht dem Intellekt, sondern dem Leib, der den willenshaften Weltkern erschließt. So entsteht eine Art physiologische Wende der Kantschen Transzendentalphilosophie. Schopenhauer „materialisiert die Leistungen des Kantischen Bewußtseins". (Schmidt 1989, 50) Diese physiologisch fundierte Transzendentalphilosophie Schopenhauers schließt sich an seine *physiologische Farbenlehre* an. Hier wie dort ist dasjenige, was von der Erscheinung verschieden sein soll, kein bloßes Abstraktum. Der wahrgenommenen Farbe in Schopenhauers Farbentheorie entspricht kein reales Farbelement, das unabhängig vom Auge existierte, sondern nur ein Reizmoment auf der Retina, also eine physiologische Erscheinung. Gleichermaßen verhält sich der Wille zum empirisch gegebenen Leib. Dem als wollend empfundenen Leib entspricht nicht eine seelenartige Substanz, die unabhängig vom Leib existierte und dessen Natur der Wille wäre, sondern der Wille ist mit dieser physiologischen Natur des Leibes identisch. Der Gegensatz von Geist und Materie wird bei Schopenhauer zu einem Gegensatz innerhalb der materiellen Natur. Die materielle Natur ist dabei die leibhaftige Daseinsweise, und diese ist Objektivation des Willens. Man habe sich immer zu erinnern, schärft Schopenhauer anderswo ein, „daß die empirisch gegebene Materie sich überall nur durch die in ihr sich äußernden Kräfte manifestirt, wie auch umgekehrt jede Kraft immer nur als einer Materie inhärirend [innewohnend] erkannt wird: Beide zusammen machen den empirisch realen Körper aus. … Das in einem solchen empirisch gegebenen Körper, also in jeder Erscheinung, sich darstellende Ding an sich selbst, habe ich als *Willen* nachgewiesen." (P II, 119)

Schopenhauers Auseinandersetzung mit den französischen Materialisten betrifft zugleich die in seiner Epoche herrschende Form des Kraftbegriffs. Ihm ist es „merkwürdig … zu sehn, wie die Franzosen ... nichts, als mechanische Kräfte kennen". (W II, 295) Darunter versteht Schopenhauer die vollständige Identifikation einer Krafterscheinung mit den aus der Verstandeswelt entnommenen Begriffen. Naturwissenschaft, die alle Wirkungen auf mechanische Ursachen zurückführt, bedeutet für ihn die genaueste, mit mathematischen Hilfsmitteln durchgeführte Bestimmung der Dinge in Raum und Zeit. (Vgl. P II, 115 f.) „Diese Leute", zu denen Schopenhauer auch die deutschen, von Engels *Vulgärmaterialisten* genannten Autoren Büchner, Vogt und Moleschott zählt, „die viel experimentirt und wenig gedacht haben, mithin Realisten der rohesten Art sind, halten eben die Materie und die Stoßgesetze für etwas absolut Gegebenes und von Grund aus Verständliches, daher eine Zurückführung auf diese ihnen eine völlig befriedigende Erklärung erscheint, da doch in Wahrheit jene mechanischen Eigenschaften der Materie eben so geheimnisvoll sind, wie die aus ihnen zu erklärenden". (P II, S, 125) Schopenhauers Grundsatz der Trennung von Willen und Intellekt wird vom naiv-wissenschaftsgläubigen Denken verletzt, das sich in einer Beschreibung von Tatsachen und ihren gesetzlichen Verknüpfungen erschöpft. Weil „das Streben der Schwere im Steine ... geradeso unerklärlich [ist], wie das Denken im menschlichen Gehirne" (117), stehe man vor einem Geheimnisvollen, einem Unerklärlichen, das sich auch in der Naturkraft manifestiere, die wir mit Goethes *Urphänomen* verglichen haben. In einer Naturkraft artikuliert sich der Wille in seiner elementarsten Form. Schließlich sei die Natur der Wille, sofern er zur Sichtbarkeit gelange, ohne sich unmittelbar zu offenbaren. Zuletzt erblicke sich der Wille in seinem höchsten Produkt, dem individuellen Intellekt.

Das innere Wesen von *Kraft* ist für Schopenhauer der *Wille*. Jener Begriff ist der erscheinenden Welt entlehnt, „abstrahirt aus dem Gebiet, wo Ursach und Wirkung herrscht". Der Begriff Wille dagegen ist der „einzige, unter allen möglichen, der seinen Ursprung nicht aus der Erscheinung, nicht aus der bloßen anschaulichen Vorstellung hat; sondern aus dem unmittelbarsten Bewußtsein eines Jeden, in welchem dieser sein eignes Individuum, seinem Wesen nach, unmittelbar ... erkennt und zugleich selbst ist, da hier das Erkennende mit dem Erkannten zusammenfällt." (V II, 59)

Kuno Fischer war der Auffassung, daß eine Art gewaltsamer Vereinigung von Kant und Cabanis, von transzendentalem Idealismus und französischem Sensualismus jenen fehlerhaften Zirkel erklären könne, von dem Eduard Zeller erstmals gesprochen hatte. „Der Philosoph", bemerkt Zeller, „konnte uns nicht genug einschärfen in der ganzen objektiven Welt, und vor allem in der Materie, nichts anderes zu sehen, als unsere Vorstellung. Jetzt ermahnt er uns ebenso dringend, unsere Vorstellung für nichts anderes zu halten als für ein Ereignis unseres Gehirns; und hieran wird dadurch nichts geändert, daß dieses weiterhin eine bestimmte Form der Objektivation des Willens sein soll, denn wenn der Wille dieses Organ nicht hervorbrächte, könnte auch keine Vorstellung entstehen. Unser Gehirn ist aber diese bestimmte Materie, also nach Schopenhauer: diese bestimmte Vorstellung. Wir befinden uns demnach in dem greifbaren Zirkel, daß die Vorstellung ein Produkt des Gehirns und das Gehirn ein Produkt der Vorstellung sein soll." (Zeller 1873, 885; vgl. Schmidt 1999) Während die meisten älteren Kritiker Schopenhauers behaupten, daß es ihm nicht gelungen sei, den Zellerschen Zirkel aufzulösen, belegen neuere Voten, daß sich Schopenhauer des paradoxen Sachverhalts bewußt gewesen ist und eine Vereinigung der beiden Denkansätze von einem höheren Standpunkt aus für möglich hielt. Für ihn ergibt sich das *Hirnparadoxon* notwendig aus seinem Schritt über Kants Transzendentalphilosophie hinaus. Schopenhauer gewinnt innerhalb des Idealismus durch seine „objektive Ansicht des Intellekts" einen ungewöhnlichen Standpunkt. Seine Betrachtungsweise ist zunächst „zoologisch, anatomisch, physiologisch, und wird erst durch die Verbindung mit jener erstern und von dem dadurch gewonnenen hohem Standpunkt aus philosophisch". (W II, 318) Anders als die „grundlose Spiegelfechterei", wie er in diesem Zusammenhang die Kantische Antinomienlehre bezeichnet, betrachtet Schopenhauer das Auftreten der „zwei widersprechenden Ansichten" in seiner Lehre als einen sich „nothwendig ergebende[n] Widerspruch". Die Auflösung erfolge dadurch, „daß die objektive Welt, die Welt als Vorstellung, nicht die einzige, sondern nur die eine, gleichsam die äußere Seite der Welt ist, welche noch eine ganz und gar andere Seite hat, die ihr innerstes Wesen, ihr Kern, das Ding an sich ist", den Schopenhauer als den all-einen Willen bezeichnet. (W I, 61) In dieser von Schopenhauer betonten Unabhängigkeit des „ontologisch primären Willens … von der sekundären Erscheinungswelt" zeichne sich, wie Alfred Schmidt herausstellt, „die Möglichkeit ab, dem Zellerschen Zirkel durch einen (im Adornoschen Sinn) *vermittelten Vorrang des Objekts* zu entgehen". (Schmidt 1999, 24)

Die andere Wirklichkeit

Den Willen betrachtet Schopenhauer als den Schlüssel zum Wesen der gesamten Natur, auch der inneren Natur des Menschen. Dabei hat die Welt nicht nur eine physische Bedeutung, sondern vor allem auch eine moralische. Letztere tritt allerdings nicht dadurch hervor, daß das Bestehende, das Sein, mit dem Guten, dem *bonum* der scholastischen Philosophie, einfach gleichgesetzt wird. Ganz im Gegenteil. Weil wahrhafte Existenz nur die physische, vom Willen durchpulste Welt hat, kann Moralisches nicht auf die Teilhabe irdischer Dinge am höchsten Gut zurückgeführt werden. Ein solcher Begriff des „Guten" in der Moralphilosophie kennzeichnet einen Restbestand theologischer Morallehre in der neuzeitlichen Philosophie. Schopenhauer muß auf ihn verzichten, wenn er seine Ethik nicht theologisch begründen will. Thomas von Aquin resümiert maßgeblich für die Scholastik jenen Zusammenhang zwischen Gott und dem Guten in seiner *Summe gegen die Heiden*: „Das, was auf Grund seines Wesens ausgesagt wird, wird wahrheitsgemäßer ausgesagt als das, was auf Grund von Teilhabe ausgesagt wird. Gott aber ist gut durch sein Wesen, das andere hingegen durch Teilhabe, … . Er ist also das höchste Gute." – *Est igitur ipse summum bonum.* (Thomas von Aquin, 152 f.) Das Gute vorauszusetzen bedeutet für Schopenhauer den Rückzug in „künstliche Subtilitäten, welche die feinsten Unterscheidungen verlangen und auf den abstraktesten Begriffen beruhen". Sie forderten „schwierige Kombinationen, heuristische Regeln, Sätze, die auf einer Nadelspitze balancieren, und stelzbeinige Maximen, von deren Höhe herab man das wirkliche Leben und sein Gewühl nicht mehr sehen kann" (GdM, 225). Der Blick ins Gewühl des wirklichen Lebens klärt auf über die Unhaltbarkeit der vorauszusetzenden Idee des Guten – diesen Blick auszuhalten lehrte bereits der physiologische Materialismus, der das Leben auf die Hinfälligkeit des leiblichen Daseins zurückführte.

Dem Materialismus, an dem Schopenhauer vor allem die Verabsolutierung mechanischer Gesetzmäßigkeiten kritisiert – er nennt ihn *absolute Physik* (W II, 371) –, fehlt es am Begriff einer bewegenden Kraft, einem Motiv, an Metaphysik, schließlich an der Möglichkeit, Moral zu begründen. Schopenhauers Moralphilosophie zielt auf die Beantwortung der Frage: Wie läßt sich aus einer nüchternen Betrachtung empirisch aufzunehmender Fakten über den Zustand der physischen Welt die Perspektive einer besseren Welt gewinnen, ohne vorauszusetzen, daß diese im göttlichen Verstand von vornherein angelegt sei?

„Im unendlichen Raum zahllose leuchtende Kugeln", so die berühmte Bestandsaufnahme zu Beginn des Zweiten Teils seines Hauptwerks, „um jede, von welchen etwan ein Dutzend kleinerer, beleuchteter sich wälzt, die inwendig heiß, mit erstarrter, kalter Rinde überzogen sind, auf der ein Schimmelüberzug lebende und erkennende Wesen erzeugt hat: – dies ist die empirische Wahrheit, das Reale, die Welt. Jedoch ist es für ein denkendes Wesen eine mißliche Lage, auf einer jener zahllosen im gränzenlosen Raum frei schwebenden Kugeln zu stehn, ohne zu wissen woher noch wohin, und nur Eines zu seyn von unzählbaren ähnlichen Wesen, die sich drängen, treiben, quälen, rastlos und schnell entstehend und vergehend, in anfangs- und endloser Zeit: dabei nichts Beharrliches, als allein die Materie und die Wiederkehr der selben, verschiedenen, organischen Formen, mittelst gewisser Wege und Kanäle, die nun ein Mal dasind. Alles was empirische Wissenschaft lehren kann, ist nur die genauere Beschaffenheit und Regel dieser Hergänge. – Da hat nun endlich die Philosophie der neueren Zeit, zumal durch Berkeley und Kant, sich darauf besonnen, daß Jenes alles zunächst doch nur ein Gehirnphänomen und mit so großen, vielen und verschiedenen subjektiven Bedingungen behaftet sei, daß die gewähnte absolute Realität desselben verschwindet und für eine ganz andere Weltordnung Raum läßt, die das jenem Phänomen zum Grunde Liegende wäre, d.h. sich dazu verhielte, wie zur bloßen Erscheinung das Ding an sich selbst." (W II, 9) Der entzaubernde Blick auf die physische Realität führt den gewünschten Umschlag herbei, der allein das Moralische begründen kann. Hier ist der Achsenpunkt seiner Philosophie: der Umschlag des blinden Willens in der Natur zu einem moralischen Beweggrund menschlichen Handelns.

Neben dem Hauptwerk behandeln zwei Schriften gesondert jene beiden Arme der Philosophie Schopenhauers. Die kleine Schrift *Über den Willen in der Natur*, schreibt Schopenhauer an den „gelehrten Apostel" Johann August Becker im August 1844, legt den „eigentlichen Kern meiner Metaphysik deutlicher, als irgendwo" dar, und sie ist „besonders geeignet, die so nöthige Überzeugung hervorzubringen, daß das innere Wesen aller Dinge, mithin das allein Reale in der Welt, also das Ding an sich, eben jenes uns so Vertraute und doch so Geheimnißvolle ist, was wir in unserm Selbstbewußtseyn als den Willen finden und welches vom Intellekt gänzlich verschieden ist". (GBr, 213) Die 1836 verfaßte und veröffentliche Schrift rückt die physische Seite der Willensmetaphysik in den Vordergrund. Deren moralische Absicht vertieft Schopenhauer in dem 1841 publizierten Buch *Die beiden Grundprobleme der Ethik*, das die Preisschriften *Über die Freiheit des menschlichen Willens* und *Über das Fundament der Moral* enthält.

Die erste Preisschrift widerlegt die Auffassung einer moralischen Freiheit. Physische und intellektuelle Freiheit indessen, die Schopenhauer sorgfältig von der moralischen abgrenzt, sind selbstverständlich; denn sie beziehen sich lediglich auf die Abwesenheit materieller Hindernisse oder auf juridische Zurechnungsfähigkeit. Wichtig in philosophischer Hinsicht ist allein die *moralische* Freiheit. Schopenhauer meint den scholastischen *liberum arbitrium* und die mit ihm einhergehenden Probleme. Augustinus habe sie schon erahnt, wenn er sich in seinem Buch *de libero arbitrio* gegen die von den Manichäern verfochtene Verneinung des freien Willens wendet. Einerseits anerkennt Augustinus, daß der Mensch immer dem stärkeren Antrieb folgt. „So tritt uns zum Beispiel die Gestalt einer schönen Frau entgegen", sagt Augustinus, „und bewegt uns zur Lust und Unzucht." Andererseits aber hat der Kirchenvater eine höhere Lust im Sinn; denn „wenn uns die innere und reine Gestalt der Keuschheit größere Lust gewährt, durch eben die Gnade, die im Glauben Christi liegt, dann leben und handeln wir nach ihr." (Vgl. Flasch 1980, 106) Eine solche Beweisführung lehnt Schopenhauer ab. Wer freien Willen behauptet, erklärt ihm zufolge, eine Handlung sei in ihren einzelnen Akten nicht durch zureichende Gründe des Handelns bestimmt. Ist eine Handlung andernfalls aber durch Ursachen bestimmt, dann ist es *unsinnig*, von einem *freien* Willen zu sprechen; seine Akte wären nicht frei, sondern notwendig. Daher wäre unter der „Voraussetzung der Willensfreiheit ... jede menschliche Handlung ein unerklärliches Wunder, – eine Wirkung ohne Ursache." (FdW, 84) Die scheinbare Freiheit, die sich hinter jener unmittelbaren Gewißheit „was ich will kann ich thun, und ich will was ich will" verbirgt (Ebd., 59), erklärt Schopenhauer folgendermaßen: „Das *Selbstbewußtseyn* eines Jeden sagt sehr deutlich aus, daß er thun kann was er will. Da nun auch ganz entgegengesetzte Handlungen als von ihm *gewollt* gedacht werden können; so folgt allerdings, daß er auch Entgegengesetztes thun kann, *wenn er will*. Die verwechselt nun der rohe Verstand damit, daß er, in einem gegebenen Fall, auch Entgegengesetztes *wollen* könne, und er nennt dies *die Freiheit des Willens*. Allein daß er, in einem gegebenen Fall, Entgegengesetztes *wollen* könne, ist schlechterdings nicht in obiger Aussage enthalten, sondern bloß dies, daß von zwei entgegengesetzten Handlungen, er, wenn er *diese will*, sie thun kann, und wenn er *jene will*, sie ebenfalls thun kann: ob er aber die eine so wohl als die andere, im gegebenen Fall, *wollen könne*, bleibt dadurch unausgemacht und ist Gegenstand einer tiefern Untersuchung, als durch das bloße Selbstbewußtseyn entschieden werden kann." (Ebd., 61 f.) Der Mensch kann zwar tun, was er will, erklärt Schopenhauer, aber er kann „in jedem gegebenen Augenblick ..., nur Ein Bestimmtes *wollen* und schlechterdings nichts Anders, als dieses Eine." (Ebd., 62 f.) Der Mensch will nicht, was ihm bewußt wird, sondern ihm wird nur bewußt, was er will. Der Wille liegt dem Bewußtsein voraus. Damit ist die der Königlichen Societät gestellte Preisfrage *Läßt die Freiheit des menschlichen Willens sich aus dem Selbstbewußtseyn beweisen?* eindeutig verneint.

Schopenhauer bestreitet jede moralische Freiheit innerhalb des empirischen Wollens. Wenn uns bewußt wird, daß wir uns frei für eine bestimmte Handlung entschieden haben, dann ist die Entscheidung längst gefallen, ohne unser bewußtes Zutun, nämlich kraft des unmittelbar wirksamen Willens. Schopenhauer überträgt die Frage nach der Freiheit des Willens auf die nach

Abb. 9: Die beiden Schopenhauer-Häuser in Frankfurt am Main

einem Willen vor dem Bewußtsein. Ihm sind Taten und Handlungen der raum-zeitlich-kausalen Welt unterworfen und deswegen nicht frei. Im Sinne der Herrschaft kausaler Faktoren entscheidet hier – Schopenhauer spricht vom empirischen Charakter – immer das stärkste Motiv über das Handeln eines Menschen, nicht aber sein vermeintlich freier Wille.

Wie Kant unterscheidet auch Schopenhauer einen intelligiblen Charakter vom empirischen. Während dieser den Menschen als bloße Erscheinung an Raum, Zeit und Kausalität bindet, überragt jener intelligible Charakter Raum, Zeit und das Gesetz der Kausalität. Ihm spricht Schopenhauer absolute Freiheit zu. Innerhalb des intelligiblen Charakters findet er wahre moralische Freiheit. Hier erst gewinnen das Bewußtsein der Verantwortlichkeit und damit das der Freiheit einen Sinn. Der Mensch ist sein eigenes Werk und somit auch verantwortlich für sein Handeln. Wäre der Mensch das Werk eines Gottes, so müßten diesem seine sittlichen Mängel und Verfehlungen angelastet werden. „Was würde man von dem Uhrmacher sagen, der seiner Uhr zürnte, weil sie unrichtig gienge?" (FdW, 112) Daß der Mensch geschaffen sei und zugleich einen freien Willen habe, hält Schopenhauer für unvereinbar. Seine Untersuchung zeigt, daß das Problem nicht auf der Ebene einzelner empirischer Handlungen gelöst werden kann, sondern einer Metaphysik bedarf. „Die *Freiheit* ist also durch meine Darstellung nicht aufgehoben, sondern bloß hinausgerückt, nämlich aus dem Gebiete der einzelnen Handlungen, wo sie erweislich nicht anzutreffen ist, hinauf in eine höhere, aber unserer Erkenntniß nicht so leicht zugängliche Region: d.h. sie ist transcendental." In diesem Sinn will er auch Malebranches Ausspruch verstanden wissen: „*la liberté est un mystère*." (FdW, 139)

Die metaphysischen Grundlagen seiner Moralphilosophie, die darüber entscheiden, ob eine Tat von moralischem Wert sein kann oder nicht, untersucht Schopenhauer näher in der zweiten Preisschrift. Sie soll uns ausführlicher in den folgenden Kapiteln beschäftigen.

6. *malum metaphysicum*

6.1 Der moralische Wesenskern der Welt

Sein Hauptwerk betrachtet Schopenhauer als vollendet mit dem zweiten Band der *Welt als Wille und Vorstellung*. Nach vierundzwanzigjährigem Sammeln und Überarbeiten bietet er im Jahr 1843 dem Verleger Brockhaus an, die fünfzig neu erstellten Kapitel zusammen mit der Neuauflage des ersten Bandes zu verlegen. Brockhaus druckt dann auch unter Vorbehalten. „Dieser zweite Band hat bedeutende Vorzüge vor dem ersten, und verhält sich zu diesem wie das ausgemalte Bild zur bloßen Skitze", läßt er Brockhaus wissen. (GBr, 195) Das ausgemalte Bild zeigt deutlicher noch den hohen moralischen Anspruch der hier vorgetragenen Lehre. „Erwägen wir, nach außen blickend", daß „das Leben kurz, die Kunst langandauernd" ist, wie Schopenhauer – auf Hippokrates und Seneca bezogen – im Kapitel über den *Primat des Willens im Selbstbewußtseyn* bekundet, „und betrachten, wie die größten und schönsten Geister, oft wann sie kaum den Gipfel ihrer Leistungsfähigkeit erreicht haben, imgleichen große Gelehrte, wann sie eben erst zu einer gründlichen Einsicht ihrer Wissenschaft gelangt sind, vom Tode hinweggerafft werden; so bestätigt uns auch Dieses, daß der Sinn und Zweck des Lebens kein intellektualer, sondern ein moralischer ist." (W II, 272)

Obgleich Schopenhauer Kants Anspruch auf den Primat der praktischen Philosophie entschieden zurückweist, zielt sein Hauptwerk von vornherein ab auf eine moralische Weltansicht, die den eigentlichen Gesichtspunkt der Willensmetaphysik bildet. Die reine, allein im Menschen erfolgende Selbsterkenntnis des Willens enthebt jenen nicht der Grundentscheidung, ob er den Willen bejahen oder verneinen soll. (Schmidt 1986, 38 ff.) Nur in der Verneinung des Willens gibt sich Schopenhauer zufolge die moralische Tendenz einer Handlung zu erkennen. Seiner Natur nach ist der Wille das Prinzip des Egoismus mit dem Ziel, Hunger und Lust zu befriedigen. Keine Befriedigung aber ist von Dauer.

Weil jede Befriedigung nur momentan sein kann, entsteht erneut Mangel. Dieser Zustand des Mangels erzeugt Leiden, und weil zugleich mit dem ewig wollenden Willen stets Mangel und Leiden gegeben sind, gehört das Leiden ebenso wie der Wille zur Grundverfassung der Welt. Anders als in Moralphilosophien, denen das Wesentliche der Welt das Gute ist, ist das von Schopenhauer entdeckte Wesen der Welt keines, das man bejahen könnte. Schopenhauer orientiert sich an dem Motiv des Buddhismus, wenn er versichert, daß alles Leben Leiden ist. Der Wille als das Wesen der Welt ist ein zu verneinendes Wesen.

Daher muß man *Mitleid* wörtlich verstehen und nicht im Sinn einer sentimentalen Gemütsverfassung. Es entsteht aus der Einsicht in die jede Kreatur gleichermaßen ergreifende Macht des Willens, die Mangel und Leid bedeutet; denn wir alle sind miteinander verbunden in einer wesentlich von Mangel und Leid gekennzeichneten Welt. Die Hemmung des Willens durch ein Hindernis nennt Schopenhauer *Leiden*. (Vgl. V II, 421) Wo der Wille, die pure Affirmation der Welt, wie sie ist, als das stärkste Motiv einer Handlung zur Geltung gelangt, da herrscht Egoismus, da wird das allgegenwärtige Leiden vermehrt, und dies ist der uns bekannte Normalzustand. Schopenhauers gekrönte *Preisschrift über die Grundlage der Moral* von 1840 weist den Egoismus als das schlechthin Antimoralische aus, als „Drang zum Daseyn und Wohlseyn", welcher als „Haupt- und Grundtriebfeder" im Menschen wie im Tier zu betrachten sei. (GdM, 235)

Der metaphysische Pessimismus Schopenhauers hat darin seinen Ausgangspunkt, daß „alles Leben Leiden" ist. (W I, 389) In Schopenhauers schwierigen, höchst spekulativen Überlegungen steht das Mitleid als die schlechthin grundlegende Tugend. Zu ihr gesellt sich der entsetzte Blick „auf das namenlose Grauen" der Welt. Er führt die Umkehr des Willens oft schlagartig herbei und kuriert von jeglichem geschichtsphilosophischen Optimismus. (Vgl. Schmidt 1986, 40) Alle Stufen des belebten Naturprozesses werden beherrscht vom unbarmherzigen Kampf ums nackte Dasein. Die oben (vgl. S. 74) behandelten erkenntniskritischen Betrachtungen der empirisch gegebenen Welt erhalten jetzt einen tieferen Sinn: Die Beschaffenheit des „vorstellenden" Bewußtseins läßt Raum „für eine ganz andere Weltordnung", die zur empirischen Welt sich verhält „wie zur bloßen Erscheinung das Ding an sich". (W II, 9) Der moralische Impuls dieser Philosophie ist zugleich ihr metaphysischer. Die Welt, wie sie in Raum und Zeit erscheint – die Welt der physischen Fakten –, sie soll in moralischer Hinsicht nicht sein, und deswegen ist sie eine zu verneinende Welt. Weil scholastische Theologie und Metaphysik, ihre säkularisierte Fortentwicklung, das Sein und das Gute für identisch erklärt hatten, bedeutet eine Überwindung dieser Tradition zugleich die Negation jener Identität. Der nihilistisch-pessimistische Grundzug von Schopenhauers Weltbetrachtung stammt nicht aus launischer Unzufriedenheit mit seinem eigenen Leben, sondern hängt zusammen mit der systematischen Neubestimmung von Sein, Metaphysik und Moral.

Schopenhauer folgt zunächst wieder dem Anspruch Kants, Moral *metaphysisch* zu fundieren. Beide Denker bewerten die Sinnenwelt in moralischer Hinsicht für zweitrangig gegenüber einer ganz anderen Ordnung der Dinge. „Der Mensch", so Kant in der *Grundlegung zur Metaphysik der Sitten*, „der sich ... als Intelligenz betrachtet, setzt sich dadurch in eine andere Ordnung der Dinge und in ein Verhältnis zu bestimmenden Gründen von ganz anderer Art, wenn er sich als Intelligenz mit einem Willen, folglich mit Kausalität begabt, denkt, als wenn er sich ... in der Sinnenwelt ... wahrnimmt, und seine Kausalität, äußerer Bestimmung nach, Naturgesetzen unterwirft. Nun wird er bald inne, daß beides zugleich stattfinden könne, ja sogar müsse. Denn, daß ein *Ding in der Erscheinung* ... gewissen Gesetzen unterworfen ist, von welchen eben dasselbe, als *Ding* oder Wesen *an sich selbst*, unabhängig ist, enthält nicht den mindesten Widerspruch; daß er sich selbst aber auf diese zwiefache Art vorstellen und denken müsse, beruht, was das erste betrifft, auf dem Bewußtsein seiner selbst als durch Sinne affizierten Gegenstandes, was das zweite anlangt, auf dem Bewußtsein seiner selbst als Intelligenz." (MdS BA, 117) Dieser Gedanke, fährt Kant fort, „führt freilich die Idee einer anderen Ordnung und Gesetzgebung, als die des Naturmechanismus, der die Sinnenwelt trifft, herbei". (Ebd. BA, 119) Auch Schopenhauer sieht in den Voraussetzungen der Ethik Kants bei all ihren Mängeln den Vorzug, daß sie den menschlichen Handlungsweisen eine Bedeutung zuspricht, „die über alle Möglichkeit der Erfahrung hinausgeht und eben deshalb die eigentliche Brücke zu dem ist, was er die intelligible Welt, *mundus noumenon*, die Welt der Dinge an sich nennt". (GdM, 158) Nicht minder Kants strikte Unterscheidung zwischen dem Reich der Natur und dem der Pflicht kehrt, modifiziert, wieder in Schopenhauers Erkenntnis, daß die Ordnung der Natur nicht die einzige und absolute Ordnung der Dinge sei. (Vgl. auch W II, 205)

Einen Bruch mit Kant ruft Schopenhauer früh schon dadurch herbei, daß er dessen Phänomenalismus in Metaphysik ummünzt. Schopenhauers „andere Ordnung der Dinge" stellt sich ein durch die Erkenntnis des Dings an sich, das er mit dem Weltwillen gleichgesetzt hatte. Schopenhauer verläßt die phänomenale Welt der Naturmechanismen, indem er die in ihr sich manifestierende wesenhafte Realität aufweist. Für Kant war das Wesen der Welt, das Ding an sich, schlechthin unerkennbar und kam kognitiv nicht in Betracht. Seine „andere Ordnung der Dinge" soll bei ihm reiner Vernunft entspringen. Er erbaut die moralische Welt aus dem Kopf und erklärt die Vernunft zum höchsten Gesetzgeber, der das Sittengesetz *a priori* hervorbringe. Naturkausalität hätte niemals ihren Weg zum Sittengesetz gefunden. Schopenhauer akzeptiert diese Differenz zwischen Naturkausalität und Vernunftgesetz unter keinen Umständen. Für ihn ist das Entstehen des Sittengesetzes, wie es die Lehre Kants versteht, nicht wesentlich verschieden von der Entstehung der Naturgesetze; beide haben ihren Ursprung in einer abstrakten Denkfunktion, also im Kopf. Auf seine Weise löst Schopenhauers Ansatz, Moral nicht im Kopf, sondern im *Herzen* zu begründen, Kants Forderung ein, daß ihr Prinzip nicht der physischen Welt entnommen werden könne; denn für Schopenhauer gehört der *kategorische Imperativ* genauso zur erscheinenden Welt wie die auf Kausalität beruhenden Gesetze der Physik.

Letztlich hängt diese Umdeutung zusammen mit Schopenhauers neuem Verständnis von Metaphysik. Die *Grundlegung der Metaphysik der Sitten* handelte bei Kant von den *apriorischen* Grundlagen der moralischen Welt, und die *Metaphysischen Anfangsgründe der Naturphilosophie* sollten die *apriorischen* Grundlagen der Physik repräsentieren. Bei Schopenhauer sind beide in der Welt als Vorstellung zusammengefaßt. Metaphysik im Sinne Schopenhauers stützt sich – wie mehrfach betont – auf die *Erfahrung* einer Welt, welche Raum, Zeit und Kausalität nicht unterliegt, welche nicht durch die Tätigkeit der Hirnfunktion hervorgebracht wurde; sie stützt sich auf den Stoff jener unmittelbaren Erfahrung, die vom Intellekt erst durch Abstraktion in einem zweiten Schritt erfaßt wird: die unmittelbare Erfahrung des eigenen Leibes. Schopenhauers Metaphysik *a posteriori* verzichtet auf apodiktische Gewißheit und *apriorische* Urteile. Sie will eigentliche Welt-Erfahrung, Weltauslegung sein, und sie verweist auf die Denkunabhängigkeit einer *übernatürlichen* Welt, jenseits von Raum, Zeit und Kausalität. Metaphysische Erkenntnis bewirkt Schopenhauer zufolge, „wenn sie auf den Willen zurückwirkt, die Selbstaufhebung desselben ..., d.i. die Resignation, welche das letzte Ziel, ja, das innerste Wesen aller Tugend und Heiligkeit, und die Erlösung von der Welt ist." (W I, 204) In seinen Erwägungen über Moral steht Schopenhauer Kant, seinem Gewährsmann in erkenntniskritischer Hinsicht, am fernsten. Hier hebt er allenfalls Kants Verdienst hervor, die Moralphilosophie vom Eudämonismus freigehalten zu haben. (GdM, 157)

6.2 Die Mitleidsethik

Moral aposteriori

Kaum ein Gegenstand des Schopenhauerschen Denkens bereitet der akademischen Philosophie ähnliche Schwierigkeiten wie seine Mitleidsethik. Dies hängt damit zusammen, daß Schopenhauer eine radikale Umdeutung dessen, was bisher unter Mitleid in der Moralphilosophie verstanden worden ist, leistet. (Vgl. Samson, 1980) Schopenhauers Mitleidsethik darf nicht verwechselt werden mit einer wertneutralen ethischen Theorie; denn sie ist an den metaphysischen Ausgangspunkt seiner ganzen Lehre gebunden: Die Welt ist ihrem Wesenskern nach bestimmt durch den ewig hungernden Willen; Befriedigung des Hungers und der Triebe bedeutet nur eine vergängliche Übergangsstufe zu neuer Begierde. Daher ist der Weltzustand gekennzeichnet von unendlichem Mangel; wo dieser herrscht, da herrscht Leiden; das Bewußtsein, Glied in dieser von Leiden bestimmten Welt zu sein, bedeutet *Mitleid*. Schopenhauers *Preisschrift über die Grundlage der Moral* zeigt, daß – vor dem Hintergrund des metaphysischen Pessimismus – seine Morallehre zwei Probleme zu lösen hat. Zum einen muß sie ihre Möglichkeit überhaupt legitimieren, zum anderen muß sie sich gegen die allgegenwärtige Macht des Egoismus behaupten können. Was bedeutet zunächst die Forderung an eine Morallehre, sie habe ihre Möglichkeit zu legitimieren? Sie erklärt sich aus Schopenhauers ambivalentem Verhältnis zur Aufklärung. In ihrer Kritik an der übernatürlichen Offenbarung und den Machtansprüchen der Kirche hatten vor allem die deutschen Aufklärer Religion wesentlich auf Moralphilosophie reduziert. Das führte zur Abwertung des Übernatürlichen in der Religion und zur Aufwertung einer natürlichen Moral. Aber früher schon, im Zeitalter der Renaissance, erforderte der gesellschaftliche Lebensprozeß neue Richtlinien für die Lebensführung der Individuen und zur Beherrschung der Massen im Staat, weil frühere Aufklärungsschübe die Autorität der Kirche bereits merklich geschwächt hatten. Rational begründete Moral sollte die irrationale Herkunft religiöser Gebote ersetzen, indem sie sich auf Vernunft und Natur berief. „Die idealistischen Philosophen der neueren Zeit", charakterisiert Horkheimer diesen Prozeß, „sind bestrebt gewesen, diesem Bedürfnis durch das Aufstellen von Grundsätzen zu genügen. Gemäß den Verhältnissen, welche den Menschen seit der Renaissance auf sich selbst anwiesen, suchten sie diese Maximen durch Vernunft, das heißt durch prinzipiell allgemein zugängliche Gründe zu beglaubigen. So verschieden etwa die Systeme Leibnizens, Spinozas und der Aufklärung immer sein mögen, so zeugen sie doch alle von dem Bemühen, aus der ewigen Verfassung der Welt und des Menschen ein bestimmtes Verhalten als das ein für allemal angemessene zu begründen. Sie erheben daher Anspruch auf unbedingte Gültigkeit." (Horkheimer III, 112)

Schopenhauer durchschaut diesen inneren Fundamentalismus der Aufklärung. Seine Lehre verwirft daher den von Platon bis Hegel verbindlichen Begriff der Vernunft und führt einen Feldzug gegen die „Moraltheologie" Kants, der sich ausweitet zu einem Kampf gegen versteckte theologische Argumente in der Philosophie überhaupt. Die gebietende Vernunft – der Sitz moralischer Gesetze und Vorschriften – entlarvt sich im Licht der Schopenhauerschen Kritik als betrügerische Erbin von Gehorsam erheischender Autorität, auf welche vormals vorwiegend Theologen Anspruch erhoben hatten.

Mit der Entthronung der Vernunft entfällt bei Schopenhauer auch die selbstverständliche Dignität moralischer Gesetze. „Was berechtigt euch", wirft er Kant und den moralisierenden Aufklärern entgegen, „eine Ethik in legislatorisch-imperativer Form, als die allein mögliche, uns ... aufzudringen?" (GdM, 160) Ohne Beweis, fährt er fort, dürfen *moralische* Gesetze ... nicht als vorhanden angenommen werden: *Kant* begeht also durch diese Vorausnahme eine *Petitio principii*." (GdM, 161) Aus Kants Moral einer interesselosen Pflichterfüllung und der Achtung vor dem Gesetz spreche nichts anderes als die göttliche Stimme des Dekalogs. (GdM, 175) Schopenhauer verurteilt sie als „Sklavenmoral" und nennt den kategorischen Imperativ die „Maxime der *Lieblosigkeit*". (GdM, 174 u. 196) „Ich behaupte zuversichtlich", lautet es in dem Paragraphen über das *Fundament* der Kantischen Ethik, „daß was dem ... lieblosen, gegen fremde Leiden gleichgültigen Wohltäter die Hand öffnet (wenn er nicht Nebenabsichten hat), nimmermehr etwas Anderes seyn kann, als sklavische *Deisidämonie* [Dämonenfurcht], gleichviel ob er seinen Fetisch ‚kategorischen Imperativ' betitelt oder Fitzliputzli." (GdM, 174)

Die Polemik Schopenhauers trägt ideologiekritische Züge, und diese wiederum zeugen von einer qualitativ neuen Stufe aufklärerischen Bewußtseins. (Vgl. Schmidt 1988a, 39ff., u. Schmidt 1996) Der Autor ist sich im klaren darüber, daß die Inhalte der Vernunft nichts anderes sind als deren eigene Produkte. Die Philosophen haben nur vergessen, daß sie selbst die Produzenten der Vernunft und ihrer Inhalte gewesen sind. Wird dieses Unbewußte nicht bewußtgemacht, steigert es sich zum „Fetisch", dem weltbewegende Macht zugesprochen wird, obgleich er eine solche kraft seiner Herkunft aus dem Denken gar nicht besitzen kann. In einer Vorstudie zu den Schriften über die Grundprobleme der Ethik spricht Schopenhauer den Gedanken kompromißlos aus, den später Ludwig Feuerbach in religionskritischer Absicht aus der Kantischen Transzendentalphilosophie ableiten wird. „Den geängsteten Menschen drängt es sich niederzuwerfen und Hülfe anzuflehen", lautet es dort. „Damit also sein Wille die Erleichterung des Betens habe, muß der Intellekt ihm einen Gott schaffen; (meistens mehrere, wegen Verschiedenheit der Angelegenheiten): nicht umgekehrt, weil sein Intellekt einen Gott gefunden hat, betet er. ... Das Herz i. e. der Wille hat das Bedürfniß allmächtigen folglich übernatürlichen Beistand zu hoffen und diesen anzurufen; weil also gebetet werden soll, wird ein Gott hypostasirt: nicht umgekehrt." (HN III, 216) Ziel dieser Ideologiekritik ist es, den im Menschen liegenden Anteil für das Zustandekommen seiner Erkenntnisse herauszuschälen – und hiervon ist die Erkenntnis Gottes nicht ausgeschlossen. Schopenhauer dehnt seine Kritik auf die Erkenntnis insgesamt aus; denn was in unserer diskursiv gewonnenen Erkenntnis beheimatet ist, das haben wir in unserer Vorstellung Raum, Zeit und Kausalität unterworfen. Was die Welt darüber hinaus ist, das erkennen wir Schopenhauer zufolge nicht diskursiv, sondern intuitiv. An seiner ideologiekritischen Haltung, die das Problem einer Legitimation von Moralphilosophie allererst ins Blickfeld rückt, sind zwei Momente hervorzuheben. Zum einen herrscht bei Schopenhauer die Überzeugung vor, daß religiöse Ideen und Vorstellungen nicht aus dem Jenseits stammen, sondern in der menschlichen Natur selbst entstehen können. Zum anderen wird diese Ideenproduktion durch die Anwendung der Kantischen Transzendentalphilosophie näher bestimmt. Die Produkte der natürlichen Vernunft gleichermaßen wie die Inhalte einer übernatürlichen Offenbarung lassen sich auf diese Weise der Ideenproduktion anlasten. Moralphilosophie aber, die ihre Möglichkeit unabhängig von Autoritäten legitimieren muß, darf sich nicht auf jene Legitimationsgründe stützen, die von den Aufklärern der Theologie entnommen wurden.

Um ein stärkeres Fundament der Moral zu enthüllen, betont Schopenhauer, zunächst ganz im Einklang mit der *transzendentalen Ästhetik* und *-Analytik* der *Kritik der reinen Vernunft*, auch in seiner Moralphilosophie die Abhängigkeit aller Anschauung der Außenwelt vom intellektuell fundierten Kausalgesetz. „Die *Anschauung* entsteht dadurch", beschreibt er die Konstitution von Gegenständlichkeit, „daß wir die Empfindung der Sinnesorgane unmittelbar beziehn auf deren *Ursache*, die sich, eben durch diesen Akt der Intelligenz, als *äußeres Objekt* in unserer Anschauungsform *Raum* darstellt. ... In der *Vollkommenheit* dieser ganz unmittelbaren Auffassung der *Kausalverhältnisse* besteht alle Überlegenheit des Verstandes, alle Klugheit, Sagacität [Geistesschärfe], Penetration [Einsicht], Scharfsinn: denn jene liegt aller Kenntniß des *Zusammenhangs* der Dinge, im weitesten Sinn des Worts, zum Grunde. Ihre Schärfe und Richtigkeit macht den Einen *verständiger*, klüger, schlauer als den Andern. ... Ein solches Handeln heißt überall ein *vernünftiges Handeln*. Keineswegs aber impliciert dieses Rechtschaffenheit und Menschenliebe. Vielmehr kann man höchst methodisch zu Werke gehen, dabei aber doch die eigennützigsten, ungerechtesten, sogar ruchlosesten Maximen befolgen." (GdM, 189) In der physischen und intellektuellen Natur des Menschen ist eben die Idee des Guten oder eine ursprünglich sittlich gerichtete Vernunft nicht von vornherein angelegt. Erst der Verstand projiziert diese Idee des Guten in die Welt, wo er sie schließlich wiederentdeckt, nachdem er bereits vergessen hat, daß er selbst sie dort hineingelegt hatte.

Was aber aus dem Verstand kommt, das maßt sich zu Unrecht die Qualität *Gut* an. Im Verstand und in der Vernunft findet Schopenhauer nichts, was nicht dem Egoismus, der Befriedigung der eigenen Lebens- und Überlebensansprüche dienen würde. Verstand und Vernunft ersetzen allenfalls die beim Menschen abgestumpften tierischen Instinkte. Während die christliche Morallehre und die aufklärerische Vernunft den Anfang der Welt und des Menschen mit der Herrschaft des Guten oder jener natürlichen Vernunft von vornherein ausstatten, unternimmt es Schopenhauer, eine Ethik darzulegen, die ohne die Prämisse eines sinnhaften Anfangs der Welt auszukommen beansprucht. Dieser Anspruch freilich setzt voraus, daß die Möglichkeit von Moralphilosophie nachgewiesen wird, mit ihrer Selbstverständlichkeit darf Schopenhauer nicht mehr rechnen. Wer moralphilosophisch argumentiert, muß zuerst zeigen, daß ein Handeln nach Motiven möglich ist, die von anderer Qualität sind als irgendwelche Naturvorgänge oder Denkgewohnheiten.

Kant hatte unter diesem Aspekt nur ausgeführt, was in der Moraltheologie vor ihm längst zur Selbstverständlichkeit geworden war. Die Prämisse, daß es vernünftig zugehe in der Welt oder daß die Menschen göttlichem Willen gemäß leben könnten (und sollten), wurde nicht näher geprüft. Kants Rede vom Primat der praktischen Philosophie überträgt die theologische Auffassung vom *summum bonum*, welches das höchste Sein, also der Schöpfer selbst ist, in die philosophische Idee eines *höchsten Gutes*. Dieses höchste Gut spricht sich in Kants kategorischem Imperativ aus. Mit seinem *moralischen Gottesbeweis* hatte Kant dann auch den Zusammenhang seiner Moralphilosophie mit der Moraltheologie untermauert. „Folglich müssen wir", lautet der einschlägige Passus im Kapitel über die *Methodenlehre der teleologischen Urteilskraft* in der *Kritik der Urteilskraft* bei Kant, „eine moralische Welturssache (einen Welturheber) annehmen, um uns, gemäß dem moralischen Gesetz, einen Endzweck vorzusetzen; und, so weit als das letztere notwendig ist, so weit (d.i. in demselben Grade und aus demselben Grunde) ist auch das erstere notwendig anzunehmen: nämlich es sei ein Gott." (KdU B 425f.)

Schopenhauer zerstört die Dignität solcher Begriffe, indem er das eine wie das andere zum Produkt bloßer Hirntätigkeit herabsetzt. Die höchsten Forderungen der Moral will Schopenhauer nicht so denken, als hätte ein Gott sie in die Welt gesetzt, sondern sie sollen auch dann denkbar sein, wenn es vollkommen diesseitig zugehe in der Welt. Die „verlarvte *theologische Moral*", die Kant in seiner Lehre vom höchsten Gut und den Postulaten der praktischen Vernunft mit sich führte, obgleich er als Aufklärer angetreten war, die Theologie durch Philosophie zu überwinden, entlockt Schopenhauer schließlich ein „frivoles Gleichniß". Er möchte Kants „Selbstmystifikation" vergleichen „mit einem Manne …, der, auf einem Maskenball, den ganzen Abend mit einer maskierten Schönen buhlt, im Wahn, eine Eroberung zu machen; bis sie ihm am Ende sich entlarvt und zu erkennen giebt – als seine eigene Frau." (GdM, 209)

Schopenhauer schaut hinter die Maske des Sittengesetzes und entdeckt die verkleidete Furcht des Menschen. In ihr findet er zugleich den Ursprung von Religion, die dem metaphysischen Bedürfnis des Menschen entstammt. Religion fragt nach dem „Räthsel des Daseyns", wendet sich an die „Furcht und Hoffnung der in steter Noth lebenden Sterblichen" und „schafft ihnen Götter und Dämonen, die sie anrufen, die sie besänftigen, die sie gewinnen können; … aber auch wendet sie sich an ihr unleugbar vorhandenes moralisches Bewußtseyn, dem sie Bestätigung und Anhalt von außen verleiht, eine Stütze, ohne welche dasselbe, im Kampfe mit so vielen Versuchungen, sich nicht leicht würde aufrecht erhalten können." (P II, 372) Deutlicher noch spricht dies eine Humes *Natural History of Religion* resümierende Notiz aus dem Jahr 1824 aus, wo es heißt: „Der Anfang der *Theologie* ist die *Furcht*". Schopenhauer stellt seine kritischen

Erwägungen unter das Motto: *Primus in orbe Deos fecit timor* – die Angst hat als erste in der Welt die Götter gemacht. (Vgl. HN III, 191)

Schopenhauers Depotenzierung der Vernunft geht einher mit der Entmachtung der Autorität theologischer Argumente in der Philosophie. Seine hirnphysiologische Umgestaltung der Transzendentalphilosophie Kants ist die wichtigste Säule, auf die seine Moralphilosophie sich ebenso stützt wie seine Religionsphilosophie. Vernunft ist nichts anderes als die Tätigkeit eines kleinen Teils der Hirnmaterie, von dem man nicht einmal vermuten kann, er sei bei allen Menschen in gleicher Größe ausgefallen. Ihren Produkten, den Ideen und Vorstellungen, dürfe man nicht eine Macht beimessen, die sie in die Lage versetzte, zum Motiv der Handlungen des Leibes zu werden. In diesem Fall würden Ursache und Wirkung miteinander vertauscht. Nicht die Funktionen der Hirnmaterie bewegen die Welt, sondern jene selbst sind deren Produkt. Eben dieser Verwechslung aber verfallen reihenweise Philosophen und Theologen. Sie belassen die Produkte der Hirntätigkeit nicht an ihrem Entstehungsort, sondern erheben sie zum Wesen der Welt. So erklärt sich die Hegelsche *Weltvernunft*, die platonische Weltseele, das Kantische *Ding an sich* – ein Gedankending, das die unbekannte Ursache der Erscheinungen sein soll –; so erklärt sich letztlich aber auch die Entstehung der Vorstellung von Gott, dem guten, allmächtigen, unsterblichen Schöpfer der Welt und der Menschen. Was die Hirnmaterie selbst an Würde nicht besitzt, das dichten Philosophen und Theologen deren Produkten an. „Die Narren", schreibt Schopenhauer 1823 in sein Manuskriptbuch, „welche heut zu Tage philosophische Schriften abfassen, haben zur innersten festen Überzeugung, die sie gar nicht einmal in Frage ziehn, diese, daß der letzte Zweck und das Ziel aller Spekulation sei – Erkenntniß Gottes; während er nichts andres ist, als Erkenntniß seines eignen Selbst; wie sie schon hätten am Tempel zu Delphi lesen, oder wenigstens von Kant lernen können: aber der hat eigentlich so wenig Einfluß auf sie, als ob er 100 Jahre nach ihnen lebte." (HN III, 171)

Schopenhauers Kritik der Kantischen Moralphilosophie zeigt, daß er theologische Argumente nicht allein zurückweist, sondern vor allem nachzuweisen sucht, wie diese überhaupt entstehen können. Sie entstehen auf dieselbe Weise, wie *apriorische* Urteile hervorgebracht werden. Der Begriff der *Pflicht*, „sammt seinen Anverwandten, also dem des *Gesetzes, Gebotes, Sollens*, u. dergl. hat, in diesem unbedingten Sinn genommen, seinen Ursprung in der theologischen Moral, und bleibt in der philosophischen so lange ein Fremdling, bis er eine gültige Beglaubigung aus dem Wesen der menschlichen Natur, oder dem der objektiven Welt beigebracht hat" (GdM, 162). Beides aber habe weder Kant noch ein anderer geleistet. Die genannten Begriffe gründeten auf der Forderung nach Lohn und Strafe. Wo aber mit Belohnung gelockt und Strafe angedroht werden muß, da regiert Schopenhauer zufolge der blanke Egoismus. Daher geht es in der Moralphilosophie nicht anders zu als in fast allen Obliegenheiten des Lebens. (Vgl. GdM, 241) Der moralische Wert pflichtgemäßen Handelns ist ihm zweifelhaft; denn sie gehen von denselben Motiven aus wie alle anderen Bewegungen der physischen Welt. So wenig ein bloß gedachter Gott die Welt erschaffen konnte, so wenig können mit dem „intelligiblen Charakter" egoistische Triebe überwunden werden. (GdM, 217)

Statt einer rein rationalen Begründung der Moral im Stil Kants fordert Schopenhauer eine Besinnung auf die empirischen Triebfedern des Handelns. Weil Moral es mit dem empirischen und wirklichen Handeln zu tun habe, nicht mit gedachtem, müsse auch die moralische Triebfeder eine empirische sein. Die Produkte der Hirntätigkeit – also Verstandesideen und Vernunftgesetze – können nicht in der gewünschten Weise auf die Handlungen des Leibes einwirken; denn sie bleiben der Macht der Triebe unterlegen. Um den Leib zu bewegen, bedarf es einer Natur, die seinesgleichen ist. Mit solchen tatsächlichen Handlungskräften habe es Moral zu tun. „Denn die Moral", schreibt Schopenhauer an die Adresse Kants, „hat es mit dem *wirklichen* Handeln des Menschen und nicht mit apriorischem Kartenhäuserbau zu thun." Er bedauert es, „daß reine, abstrakte Begriffe *a priori*, ohne realen Gehalt und ohne alle irgendwie empirische Grundlage, wenigstens *Menschen* nie in Bewegung setzen können: von andern vernünftigen Wesen kann ich nicht mitreden" (GdM, 183).

Sollte es nicht gelingen – darauf läuft die Forderung nach Legitimation von Moralphilosophie hinaus –, eine empirische Basis für moralisches Handeln zu entdecken, „dann würde … die Moral eine Wissenschaft ohne reales Objekt seyn, gleich der Astrologie und Alchimie, und es wäre verlorene Zeit, über ihre Grundlage noch ferner zu disputieren." (GdM, 243)

Worin nun besteht für Schopenhauer diese empirische Basis, nach der seine Preisschrift *Über die Grundlage der Moral* verlangt? Sie wird dort betreten, wo menschliche Handlungen von einem Motiv geleitet werden, das dem grenzenlosen Egoismus entgegensteht. „Die Abwesenheit aller egoistischen Motivation ist also *das Kriterium einer Handlung von moralischem Werth.*" (GdM, 244)

Ethik ist demnach kein Problem der Widerspruchsfreiheit im Herleiten eines obersten moralischen Prinzips, sondern eine Frage des empirischen Auffindens einer einzigen menschlichen Handlung, deren Ursprung nicht im alles beherrschenden Eigennutz liegt. Eine solche Triebfeder des Handelns steht „durch ihren Ernst und durch ihre unzweifelbare Realität gar weit ab ... von allen den Spitzfindigkeiten, Klügeleien, Sophismen, aus der Luft gegriffenen Behauptungen und apriorischen Seifenblasen, welche die bisherigen Systeme zur Quelle des moralischen Handelns und zur Grundlage der Ethik haben machen wollen". (GdM, 244f.) Die moralische Tat verneint die Grundtriebfeder von Mensch und Tier – den Egoismus. Solche Taten zeichnen sich dadurch aus, daß sie, wie Schmidt betont, „die Einsicht in die Nichtigkeit der Trennwand zwischen Ich und Du widerspiegeln". (Schmidt 1986, 84) Ausdruck dieser Einsicht ist das *Mitleid*, „das große Mysterium der Ethik, ihr Urphänomen und der Gränzstein, über welchen hinaus nur noch die metaphysische Spekulation einen Schritt wagen kann" (GdM, 248). Schopenhauer fragt nicht nach dem Ursprung des Mitleids, sondern nach seinem empirischen Auftreten. Andernfalls beträte er wieder den Boden der traditionellen Metaphysik, die das Wissen über letzte Beweggründe aus spekulativem Denken zu gewinnen versucht hatte. Seine Metaphysik ist dechiffrierte Empirie, und diese ist zugleich das Andere der Spekulation. Die moralisch wertvolle Tat dürfe so auch keine bloß gedachte Tat sein. Äußerst selten ist sie zwar empirisch anzutreffen – nur Heilige, asketische Individuen und einige Religionsstifter oder andere selbstlose Menschen zeugen von ihrer Möglichkeit –, doch beweisen sie, daß nicht alle Handlungen reinem Egoismus folgen müssen. Verneinung der Welt – auch wenn sie sich nur höchst selten ereignet – ist ein empirisches Faktum. Und durch dieses Faktum legitimiert sich die Möglichkeit von Moralphilosophie.

Moral, das schlechthin Unnatürliche

Die empirische Grundlage der Moral ist zugleich eine metaphysische, denn sie verweist auf einen Ursprung, der nicht dem Satz vom Grund unterworfen ist. Vom *empirisch* gesicherten Fundament der Moral unterscheidet Schopenhauer die Ausbildung und die Beharrlichkeit eines „moralischen Lebenswandels", welcher auf Prinzipien beruht. Prinzipien und abstrakte Erkenntnisse taugen Schopenhauer zufolge zwar nicht als erste Grundlage der Moral, aber sie sind das „Behältniß, das *Réservoir*, in welchem die aus der Quelle aller Moralität, als welche nicht in jedem Augenblicke fließt, entsprungene Gesinnung aufbewahrt wird, um, wenn der Fall der Anwendung kommt, durch Ableitungskanäle dahin zu fließen. Es verhält sich also im Moralischen wie im Physiologischen, wo z. B. die Gallenblase, als *Réservoir* des Produkts der Leber, nothwendig ist, und in vielen ähnlichen Fällen." (GdM, 254) Die Menschen wären ihren antimoralischen Triebfedern, fürchtet Schopenhauer, vollständig preisgegeben, wenn nicht feste Grundsätze der Verführungskraft der Affekte Grenzen setzten. Jetzt, nachdem die Grundlage auf einer empirischen Basis erstellt ist, tritt auch in Schopenhauers Morallehre die Forderung nach Maximen, nach Grundsätzen und Regeln auf. Den obersten Grundsatz der Ethik gibt er mit der Maxime an: *Neminem laede; imo omnes, quantum potes, juva* – verletze niemanden; vielmehr hilf allen, soweit du kannst. Daraus leitet Schopenhauer die Tugend der Gerechtigkeit sowie die der Menschenliebe ab, seine beiden Kardinaltugenden, welche im natürlichen Mitleid wurzeln. (GdM, 177 u. a.; 252 ff.)

Gerechtigkeit möchte Schopenhauer nicht in der Form mißverstanden wissen, wie sie in trivialen Definitionen auftritt: „Jedem das Seinige geben." Das „Seinige" gehöre schließlich einem Menschen, und so könne man der Gerechtigkeit nur negative Bedeutung beilegen und definieren: „Keinem das Seinige nehmen." Weil Gerechtigkeit nur negativ sei, lasse sie sich erzwingen. Die Zwangsanstalt hierfür ist der Staat, dessen alleiniger Zweck darin bestehe, die einzelnen voreinander und das Ganze vor äußeren

Abb. 10: Der Kampf ums Kreuz

Feinden zu schützen. Hinter den Ansprüchen der Rechts- und Staatsphilosophen, denen der Staat zum Selbstzweck geworden ist, wittert Schopenhauer Reste kirchlicher Unterdrückungsmaßnahmen, die er harsch zurückweist. „Einige deutsche Philosophaster dieses feilen Zeitalters", schreibt er unbeherrscht über Hegel, der den Staat als die Wirklichkeit der sittlichen Idee gefeiert hatte, „möchten ihn verdrehn zu einer Moralitäts-Erziehungs- und Erbauungs-Anstalt: wobei im Hintergrunde der Jesuitische Zweck lauert, die persönliche Freiheit und individuelle Entwickelung des Einzelnen aufzuheben, um ihn zum bloßen Rade einer Chinesischen Staats- und Religions-Maschine zu machen. Dies aber ist der Weg, auf welchem man weiland zu Inquisitionen, Autos de Fé [Ketzerverbrennungen] und Religionskriegen gelangt ist." (GdM, 257)

Der Tugend der Menschenliebe, der *caritas*, mißt Schopenhauer hingegen positiven Charakter bei. Ihr Ursprung liege in der ganz unmittelbaren, „ja, instinktartige[n] Theilnahme am fremden Leiden", also im Mitleid. (GdM, 267) Unter allen erdenklichen Beweggründen für eine menschliche Handlung – für Schopenhauer herrscht immer einer von fünf Einflüssen vor – gilt Mitleid als die einzig lautere. Wenn ein Mensch eine böse Tat, zu der er sich geneigt fühlt, unterlasse, dann könne hiervon die Ursache sein

„entweder 1) Furcht vor Strafe oder Rache; oder 2) Superstition, d.i. Furcht vor Strafe in einem künftigen Leben; oder 3) Mitleid (begreift alle Menschenliebe); oder 4) Ehrliebe, d.i. Furcht vor Schande; oder 5) *Rechtlichkeit*, d.i. objektive Anhänglichkeit an Treu und Glauben, mit Entschlossenheit, diese heilig zu halten, weil sie die Grundlage alles freien Verkehrs unter den Menschen sind, und daher auch uns selbst oft zu Gute kommen." Nur vier Einflüsse auf das Motiv für eine gute Tat zählt Schopenhauer auf. Diese sind: „entweder 1) Eigennutz, der sich dahinter versteckt; oder 2) Superstition, d.i. Eigennutz, verwiesen auf den Lohn im anderen Leben; oder 3) Mitleid; oder 4) hülfreiche Hand, d.i. Anhänglichkeit an die Maxime, daß wir in Noth einander beistehn sollen, und Wunsch sie aufrecht zu halten, in der Voraussetzung, daß sie uns wohl selbst ein Mal zu Statten kommen werde." (HN III, 414)

Keinesfalls würde etwa ein Mensch, der einen Mord zu begehen neigte, diesen unterlassen, weil er sich auch nur dem von *einem* Moralphilosophen künstlich aufgestellten Prinzip unterworfen hätte. Ein Mensch würde eine moralische Tat niemals unterlassen, meint Schopenhauer, weil er sich mit Kant sagte, „daß die Maxime meines Verfahrens in diesem Fall sich nicht geeignet haben würde, eine allgemein gültige Regel für alle möglichen vernünftigen Wesen abzugeben", oder – im Sinne Fichtes –, daß jedes „Menschenleben ... Mittel zur Realisation des Sittengesetzes [ist]: also kann ich nicht, ohne gegen die Realisation des Sittengesetzes gleichgültig zu seyn, Einen vernichten, der zu derselben beizutragen bestimmt ist". Auch würde er nicht mit Hutcheson sagen: „Der moralische Sinn, dessen Empfindung, wie die jedes andern Sinnes, nicht weiter erklärlich sind, hat mich bestimmt es seyn zu lassen", und nicht mit Adam Smith: „Ich sah voraus, daß meine Handlung gar keine Sympathie mit mir in den Zuschauern derselben erregt haben würde". Schon gar nicht würde er mit Christian Wolff sagen: „Ich erkannte, daß ich dadurch meiner eigenen Vervollkommnung entgegen arbeiten und auch keine fremde befördern würde."

Das Motiv für eine moralisch wertvolle Tat soll keinem solchen Kalkül unterworfen sein. Um einen Menschen von einer bösen Tat abzubringen – etwa dem beabsichtigten Mord an einem Nebenbuhler, den Schopenhauer als Beispiel wählt –, bedürfe es einer Einsicht, nach welcher ein potentieller Täter folgendermaßen zu sich sprechen könnte: „Wie es zu den Anstalten kam, und ich deshalb, für den Augenblick, mich nicht mit meiner Leidenschaft, sondern mit jenem Nebenbuhler zu beschäftigen hatte; da zuerst wurde mir recht deutlich, was jetzt mit ihm eigentlich vorgehn sollte. Aber nun ergriff mich Mitleid und Erbarmen, es jammerte mich seiner, ich konnte es nicht über's Herz bringen: ich habe es nicht tun können." (GdM, 272 f.)

Es sei der Mangel an Mitleid, der einer Tat den Stempel tiefster moralischer Verworfenheit und Abscheulichkeit aufdrücke. Das innere Wesen der Heiligkeit, Selbstverleugnung, „Ertödtung des Eigenwillens, Askesis" als Ausdruck der Verneinung des Willens zum Leben trete allein im Mitleid in Erscheinung. (W I, 474) Die Verneinung des Willens zum Leben, das *Quietiv* des Wollens, wie Schopenhauer sie auch nennt, einzig sie führe aus der Welt des Leidens heraus. Solange die Verneinung des Willens aber nicht eingetreten ist, solange ist jeder nichts anderes als eben dieser Wille, der nur sich selbst will. Verneinung des Willens zum Leben bedeutet hier eine Erkenntnis seines inneren Widerstreits und seiner wesentlichen Nichtigkeit, die sich kundgeben im Leiden alles Lebenden. (V II, 565) Aus ihr resultiere eine Ahnung der Scheinbarkeit des *principii individuationis* und des dadurch gesetzten Unterschieds zwischen dem einen Menschen und einem anderen. Die gefühlte Einheit mit allen im Leiden verhafteten Individuen hebe den Unterschied zwischen ihnen auf und bringe die egoistische Kraft des Willens in jedem einzelnen zum Stillstand. Schopenhauer nennt diesen Zustand „Erlösung" (V II, 565 f.), weil er aus der Welt des Fressens und Gefressenwerdens herausführt. Wo der Wille sein Wollen verloren hat, da ist auch die Macht der Natur außer Kraft gesetzt. Beide, der Wille und seine Verneinung, sind nicht dem Satz vom Grund unterworfen; sie gehören einer metaphysischen Wirklichkeit an. Während die Objektivationen des Willens die gesamte Natur aufspannen, führt die Verneinung des Willens aus dem Naturzusammenhang heraus und wieder zurück in ihren metaphysischen Grund. Verneinung des Willens zum Leben gewährt dem Menschen Teilhabe an der übernatürlichen Welt. Doch Schopenhauer erfährt Übernatürlichkeit nicht durch Verlassen des Leibes und Hinwenden zur rein-geistigen, jenseitigen Welt, sondern durch Einkehr in dessen innerstes diesseitiges Wesen. Im Zusammenhang mit Schopenhauers Dissertation war bereits von dieser Art *Innerlichkeit* die Rede.

Die von Schopenhauer postulierte Selbsterkenntnis des eigenen Willens offenbart dessen naturalistisch-moralischen Doppelcharakter. (Vgl. Schmidt 1988a, 32) Zum einen nämlich ist der Wille als purer Lebenshunger und absolute Seinsgier blind und sinnlos. Zum anderen aber entfaltet er im Verlauf des Schopenhauerschen Werkes seinen moralischen Sinn. Er wird zur höheren Bestimmung des Menschen. Diese höhere Bestimmung, im Menschen Selbsterkenntnis und moralische Bedeutung zu erlangen, läßt sich kaum trennen von seiner blind egoistischen, naturalistischen Verfaßtheit. War der Wille zunächst der innere Motor der phänomenalen Welt und der Natur überhaupt, so wird er jetzt – im Zustand seiner Selbsterkenntnis – zum *Quietiv*, welches jenen Motor zum Stillstand bringt und die Nichtigkeit des ganzen Strebens vor Augen führt. Beides – Bejahung und Verneinung – ist in der Natur des Willens ursprünglich angelegt. Während aber die Bejahung ein automatischer Vorgang ist, bedarf es zu dessen Verneinung einer besonderen Anstrengung durch den Menschen. Der metaphysische Pessimismus Schopenhauers ist Ausdruck seiner Überzeugung, daß es zur bloßen Affirmation der bestehenden Verhältnisse keinerlei Anstrengung bedarf, Affirmation ist der natürliche Gang der Dinge. Wo aber der natürliche Weg sich bahnt, ist es verfehlt, von Moral zu sprechen; denn was moralisch wertvoll ist, das widersetzt sich diesem natürlichen Gang. „Widerstand ist die Seele der Schopenhauerschen Philosophie", bemerkt Horkheimer daher zu Recht über die moralische Grundtendenz des Schopenhauerschen Werkes. (Horkheimer VII, 53)

6.3 Mitleidsethik oder Wissenschaft vom Guten

An dieser Stelle ist eine kurze systematische Gegenüberstellung der Moralphilosophie Schopenhauers mit neueren Ansätzen zur Begründung von Ethik angebracht. Jene moralische Grundtendenz des Schopenhauerschen Werkes steht offensichtlich in einem diametralen Gegensatz zu dem heute vorherrschenden und vor allem durch die Methode der analytischen Philosophie geprägten Anspruch, Ethik ausschließlich normativ zu begründen. Daß

Schopenhauers empirisch fundierte Ethik geeignet ist, der modernen Diskussion um normativ begründete Ethik kritisch zu begegnen, zeigt sich gerade an der kaum begründeten Abwertung, die seine Ethik weithin in der Gegenwart erfährt. (Vgl. Hallich 1988a, 78ff.) Der Kontrast zur Hauptströmung der Moralphilosophie läßt die Konturen von Schopenhauers Entwurf klarer hervortreten.

Die Abwertung der Mitleidsethik beruht oft auf einem mißverstandenen Konzept der Kategorie *Mitleid*, das sich nicht an Schopenhauers Philosophie, sondern an den gängigen Vorstellungen orientiert. Während Schopenhauers Konzeption des Mitleids dem Individuum einen Zugang ermöglichen soll zur Erkenntnis, daß es selbst nur ein unbedeutender Bestandteil der gesamten durch Mangel und Leiden bestimmten Welt ist, kennen Kritiker dieser Theorie die Kategorie *Mitleid* lediglich als eine sentimentale Gemütsverfassung, in der sich ein mitleidendes Individuum herabläßt in das Leiden eines anderen. Anders als bei Schopenhauer führt letztere Auffassung vom Mitleid nicht zu einer Anerkennung des anderen auf derselben Ebene, sondern zu einer Abwertung der Person dessen, mit welcher man leidet. (Vgl. Samson 1980)

Abgesehen von dieser grundsätzlichen Fehleinschätzung folgt die gegenwärtige philosophische Ethik in großen Teilen der Einschätzung Ernst Tugendhats (Tugendhat 1993, 177–198), der es begrüßen würde, wenn man sich darauf einigen könnte, in Schopenhauers Moralkonzept „nicht nur ein unplausibles, sondern überhaupt kein Moralkonzept" zu sehen. (Ebd. 178) Es sind verschiedene Gesichtspunkte, die ihn zu dieser Stellungnahme veranlassen. Zunächst bemängelt er, daß Schopenhauer über keinen Begriff des Guten verfügt; dann ist es die vermeintliche Unbrauchbarkeit seiner Moralphilosophie für eine politische Philosophie; hinzu kommt der Mangel eines Imperativs sowie Schopenhauers Verzicht auf Sanktionen. Daß Moral überhaupt empirisch – wie bei Schopenhauer – begründet werden könne, wird von Tugendhat gar nicht erst erwogen. Sein Blick bleibt unverrückbar auf die normative Begründung von Ethik gerichtet, und dieses Ziel möchte er kompromißlos erreichen durch „die Implausibilisierung aller Alternativen". (Ebd. 198)

Der Spiegel der Kritik, den Schopenhauers Mitleidsethik der neueren Ethikdiskussion vorhält, wird an der Stelle sichtbar, wo gerade Tugendhat den Anspruch verfolgt, religiöse und traditionalistische Argumente aus der Philosophie zu verbannen. (Ebd. 23) Während allerdings Tugendhat seinen Lesern schuldig bleibt zu verdeutlichen, worin im einzelnen religiöse und traditionalistische Argumente bestehen, faßt Schopenhauer sie zusammen in seiner Ablehnung der „theologischen Morallehre". (Vgl. oben 92) Schopenhauer sieht demzufolge die religiöse und traditionalistische Argumentation in der neuzeitlichen Moralphilosophie vorwiegend dadurch gekennzeichnet, daß sie sich auf *Imperative*, auf *Sollenssätze*, auf ein *höchstes Gut* beruft und auf andere im Kopf erfundenen ewigen *logischen Wahrheiten*. Den Verzicht auf diese Bestimmungen dürfte Tugendhat daher der Lehre Schopenhauers nicht als Mangel anlasten, sondern er müßte sie – wenn er sich denn darauf gründlich einlassen würde – als Vorzug gegenüber seiner eigenen Theorie anerkennen.

Tugendhats schlecht begründete ablehnende Haltung gegenüber Schopenhauers Mitleidsethik kann als Hinweis gewertet werden, daß der kritische Impuls dieser Philosophie nach wie vor lebendig ist. Dieser Eindruck wird dadurch verstärkt, daß sich Tugendhat die Unannehmbarkeit der Kategorie *Mitleid* erschließt, indem er einerseits bemängelt, das Mitleid lasse sich nicht begrifflich fassen (ebd. 192), und andererseits selbst einen Begriff daraus macht, der mit anderen Verstandesbegriffen konkurrieren soll. Daß Schopenhauers *Mitleid* dagegen so konzipiert ist, daß es gerade nicht vergleichbar ist mit anderen Verstandesoperationen, läßt Tugendhat völlig außer acht. So bezeichnet er die Moralphilosophie Schopenhauers als einen „desinteressierten Altruismus". (Ebd. 178) Dieser Begriff kommt bei Schopenhauer nicht vor und fügt sich auch nicht in Tugendhats Konzept. Aber der Autor entledigt sich weiterer Auseinandersetzungen, indem er ein wenig passendes Wort für Schopenhauers Lehre anbietet, das er anschließend schnell seiner Unbrauchbarkeit für die eigenen Ziele überführen kann.

Das Vorgehen Tugendhats verweist auf ein völlig gewandeltes Vorverständnis von Philosophie. Denn der Herabsetzung der Moralphilosophie zugunsten einer neuen Auffassung von Metaphysik bei Schopenhauer steht die Vereinnahmung der gesamten Philosophie durch Moralphilosophie in weiten Teilen der Gegenwartsphilosophie gegenüber. Moral als ein Normensystem aber steht quer zu Schopenhauers Moralphilosophie. Eine Konfrontation der modernen Ethikdiskussion mit den Grundfragen der Willensmetaphysik Schopenhauers würde gleichwohl ein kritisches Verhältnis zum Selbstverständnis der Gegenwartsphilosophie herbeiführen. Diese würde sich erneut mit der von Schopenhauer erstmals aufgeworfenen Frage beschäftigen müssen, ob Moral überhaupt eines normativen Grundes bedürfe.

Nur vereinzelt ist diese Herausforderung bisher auf dem Boden der analytischen Philosophie angenommen worden. So etwa von Ulrich Steinvorth (1990). Der Autor vertritt den Standpunkt, daß „wahrscheinlich ... der Moralbegriff, den die meisten Gesellschaften tradieren konnten, mit Schopenhauers Formel übereinstimmt". (Steinvorth 30) Die Aufwertung von Schopenhauers Formel – *neminem laede; imo omnes, quantum potes, juva* – weitet er aus zu einer schonungslosen Kritik an den – wenn auch aussichtsreichen – Versuchen der Ethikbegründung bei Habermas und Tugendhat. Zum einen betreffe weitgehend dasjenige, was zu „philosophischer Reflexion anstößt, ... nicht die Ethik, sondern die Logik oder Theorie der Ableitung, Begründung und Subsumtion" (ebd. 51), zum anderen teilten die Diskursethiker Poppers Irrtum, „daß man sich für die Rationalität schon entschieden haben müsse, um ein Argument anzuhören." (Ebd. 81)

Zwar unterliegt die moderne philosophische Ethik wie alle heutige Wissenschaft einem Aktualisierungszwang, zu welchem ein Rückgang in die Philosophie Schopenhauers scheinbar nur wenig beitragen kann, doch es haben sich nicht alle Fragen, denen sich Schopenhauers Ethik stellte, bis heute überholt. Bezüglich der vieldiskutierten „Tierethik" ist beispielsweise keine der heute vorherrschenden Antworten befriedigend. Bemerkenswerterweise läßt es Schopenhauers Willensmetaphysik von vornherein gar nicht zu, daß Tiere nachträglich in einem zweiten Denkschritt, der auf die normative Begründung von Ethik zu erfolgen hätte, als moralisch bedenkenswerte Kreaturen entdeckt werden. In Schopenhauers Ethik gehören sie von Anfang an zur Gesamtheit aller Geschöpfe, denen gegenüber der Egoismus gehemmt werden muß, wenn es zu einer moralisch wertvollen Tat kommen soll. „Man muß wahrscheinlich an allen Sinnen blind ... seyn", schreibt Schopenhauer in seiner Abhandlung *Über die Grundlage der Moral*, „um nicht zu erkennen, daß das Wesentliche und Hauptsächliche im Thiere und im Menschen das Selbe ist, und daß was Beide unterscheidet, nicht im Primären, im Princip, im Archäus [in der Urkraft], im innern Wesen, im Kern beider Erscheinungen liegt, als welcher in der einen wie in der andern *der Wille* des Individuums ist, sondern allein im Sekundären, im Intellekt, ... welcher beim Menschen durch das hinzugekommene Vermögen *abstrakter* Erkenntniß, genannt *Vernunft*, ein ungleich höherer ist, jedoch erweislich nur vermöge einer größern cerebralen Entwickelung, also der somatischen Verschiedenheit eines einzigen Theiles, des Gehirns". (GdM, 280) Eine auf breiter Ebene geführte sachliche Auseinandersetzung neuerer Ethik-Konzepte mit der Schopenhauerschen Moralbegründung steht bislang noch aus.

6.4 Religionsphilosophie

Die Lehre von der Verneinung des Willens bildet das Zentrum der Moralphilosophie Schopenhauers und führt ihn auch auf das Gebiet der Religion. Das genuine Interesse seiner Metaphysik sowie des religiösen Glaubens ist es, Welt zu überwinden. Willensmetaphysik und Religion zeugen gleichermaßen von diesem Bedürfnis des Menschen nach Erlösung – Erlösung aus der endlosem Leiden verhafteten Daseinsweise des Menschen. Schopenhauer sagt, sie zielen ab auf „einen Zustand des *willenlosen* Erkennens ..., also einen Zustand in welchem wir dasind ohne zu *wollen*, für den Augenblick; eine Willenlosigkeit." (V II, 538) Ebenso wie in Schopenhauers Emphase des Moralischen der naturalistische Charakter seiner Willensmetaphysik umschlägt in eine unendliche Sehnsucht nach Erlösung, so verwandelt sich auch die Theologie- und Kirchenkritik Schopenhauers zuletzt in eine religiös gefärbte Erlösungslehre. Die Kritik an der Moralphilosophie der Aufklärung entspringt Schopenhauers eigenem moralischen Interesse, wie auch sein erklärter Atheismus der kryptoreligiösen Tendenz der Willensmetaphysik entstammt. Anders als die meisten philosophischen Strömungen seit dem neunzehnten Jahrhundert betrachtet Schopenhauer Religion mit ernsthaftem Interesse. Religion ist für ihn Ausdruck des Menschseins. Sie handelt von dem Bedürfnis des Menschen nach Transzendenz, von seiner Sehnsucht nach einer Welt, die nicht dem Kontinuum von Raum,

Zeit und Kausalität unterworfen ist. Sie handelt demnach von *Erlösung*.

Erlöst wird der Mensch nicht durch den physischen Tod; denn er gehört ebenso zur erscheinenden Welt wie das Auf und Ab der Sonne. Erlösung ist nur metaphysisch zu verstehen. Sie stellt sich ein mit dem Bewußtwerden dessen, daß in bezug auf Heiligkeit und Seligkeit die sehr reale Welt der Sonnen, der Milchstraßen und irdischen Tage *nichtig* ist. Dieser *Nihilismus* selbst ist eine Form der *Erlösung*. Schopenhauer erklärt, „daß nachdem unsere Betrachtung zuletzt dahin gelangt ist, daß wir in der vollkommenen Heiligkeit das Verneinen und Aufgeben alles Wollens und eben dadurch die Erlösung von einer Welt, deren ganzes Daseyn sich uns als Leiden darstellte, vor Augen haben, uns nun eben dieses als ein Übergang in das leere *Nichts* erscheint." (W, 504)

Wenngleich Schopenhauers Philosophie eine tief mystische und damit religiöse Dimension enthält, darf die Bezeichnung *Religionsphilosophie* nur mit Vorbehalt für seine Willensmetaphysik verwandt werden. Sache und Begriff *Religionsphilosophie* – vor allem Hegel und Schelling verstehen sich als Religionsphilosophen – lehnt er kategorisch ab. Hinter dieser Abneigung verbirgt sich sein Widerstand gegen Versuche, Philosophie in Einklang zu bringen mit der Glaubenslehre einer positiven Religion. (Vgl. Schmidt 1986, 23 ff.) Eine Notiz von 1823 bezeichnet „Religionsphilosophie" als das inzwischen modische Wort für „natürliche Religion". Das Mißverständnis, das sich dahinter verberge, beruhe darauf, daß Religionen niemals natürlich seien, sondern immer „Kunstprodukte". (HN III, 171) Glauben und Wissen hält er für natürliche Feinde. Mystik hingegen, im Sinn einer negativen Religion, deute – wie seine eigene Lehre – den „Punkt" an, wo alle Erkenntnis notwendig aufhöre. Dieser Punkt könne nur negativ angedeutet werden, für die sinnliche Anschauung aber halte er symbolische Zeichen bereit. In den Tempeln werde er durch Dunkelheit und Schweigen bezeichnet, im Brahmanismus sogar durch die geforderte Einstellung allen Denkens und Anschauens, „zum Behuf der tiefsten Einkehr in den Grund des eigenen Selbst, unter mentaler Aussprechung des mysteriösen *Oum*." (W II, 715)

Seine Auffassung, daß Religion vergegenständlichte Herzenswünsche sind, entnimmt Schopenhauer zunächst David Humes *Natural history of religion* sowie dessen *Dialogues on natural reli-*

gion. Während er darin mit Feuerbachs Religionskritik übereinstimmt, hält er deren Ausgangsthese, Theologie sei Anthropologie, für unzutreffend. (Vgl. Schmidt 1986, 41f.) Ebenso steht er dem Pantheismus fern, der dem sinnlosen Treiben des Willens höhere Würde verleihen möchte. (Vgl. Schmidt 1988a, 33) Von allen Religionen rechnet Schopenhauer neben den indischen Religionen das Christentum zum „alten, wahren und erhabenen Glauben der Menschheit ..., welcher im Gegensatz steht zu dem falschen, platten und verderblichen *Optimismus,* der sich im Griechischen Heidenthum, im Judenthum und im Islam darstellt. Die Zendreligion hält gewissermaßen das Mittel, indem sie, dem Ormuzd gegenüber, am Ahriman ein pessimistisches Gegengewicht hat." (W II, 730f.)

Überhaupt teilt Schopenhauer die Religionen in optimistische und in pessimistische ein. Der Geisteshaltung seiner eigenen Lehre entsprechen nur die pessimistischen. Hierzu zählt er das radikal asketisch ausgelegte Christentum sowie die fernöstlichen Religionen, unter denen er den Buddhismus am ehesten schätzt. In ihnen trete die Verneinung des Willens zum Leben am deutlichsten hervor: im Christentum metaphysisch durch die Lehre von der Erbsünde, im Buddhismus durch die Abkehr von den Genüssen und Verführungen der Welt. Erlösung vom Leiden der Welt ist zwar das Ziel der Lehre Schopenhauers, aber er will es erreichen, ohne einen erlösenden Gott zu bemühen. Die Neigung Schopenhauers zu einer Art *religiösem Atheismus* liegt auf einer Linie mit seinem Bestreben, Moral von der Theologie abzulösen. Es bleibt ihm daher nicht verborgen, daß bei den monotheistischen Völkern Atheismus, oder Gottlosigkeit, zum Synonym von Abwesenheit aller Moralität geworden ist. (W I, 449)

Gegenüber der Philosophie sieht Schopenhauer die Religionen in dem Nachteil, daß sie sich verkleiden müssen. „Nackt kann die Wahrheit vor dem Volke nicht erscheinen" (W II, 194). Sie bedürfe wie das Wasser eines Gefäßes, um transportabel zu sein. Daher sind Religionen mythische Einkleidungen der dem rohen Menschensinn unzugänglichen Wahrheit. Eine Religion kann nicht umhin, sich „der Wahrheit im Gewande der Lüge" (P II, 369) zu bedienen; Mythos und Allegorie sind ihr eigentliches Element. Zur Wahrheit steht sie nicht in einem einfachen Gegensatz, wie der Dialog *Über Religion* aus den *Parerga und Parali-*

pomena verdeutlicht; denn sie lehre selbst die Wahrheit. (P II, 368) Anders als Philosophie sind Religionen wie „Leuchtwürmer: sie bedürfen der Dunkelheit um zu leuchten. Ein gewisser Grad allgemeiner Unwissenheit ... ist das Element, in welchem allein sie leben können. Sobald hingegen Astronomie, Naturwissenschaft, Geologie, Geschichte, Länder- und Völkerkunde ihr Licht allgemein verbreiten und endlich gar die Philosophie zu Worte kommen darf; da muß jeder auf Wunder und Offenbarung gestützter Glaube untergehn; worauf dann die Philosophie seinen Platz einnimmt." (P II, 382)

Der Religionsphilosophie seiner Zeit hafte der Makel an, „die gegebene Religion zu deuten und das *sensu allegorico* Wahre durch ein *sensu proprio* Wahres auszulegen." (W II, 196) Sollte dieses Vorhaben einen Sinn haben, müßte man, meint Schopenhauer, die Wahrheit im strikten Sinn bereits besitzen; dann aber wäre jede Deutung überflüssig. Religionsphilosophie meine es gut, aber verderbe beides, die Philosophie und die Religionen.

Schopenhauer rät, behutsamer umzugehen mit ihnen, indem man die Sphären säuberlich voneinander trennt. Religionen sind dem Volk notwendig, sie sind – wie er mehrfach betont – Volksmetaphysik (P II, 360) und transportieren eine verschlüsselte Wahrheit. Daraus folgt, „daß sie nur *sensu allegorico*, nicht *sensu proprio* wird wahr sein können. ... Wer über die Religion urtheilen will, soll stets die Beschaffenheit des großen Haufens, für den sie bestimmt ist, im Auge behalten, also dessen ganze moralische und intellektuelle Niedrigkeit sich vergegenwärtigen." (P II, 374 f.) Den Wert einer Religion bemißt Schopenhauer nach dem größeren oder geringeren Gehalt an Wahrheit, den sie, unter dem Schleier der Allegorie, in sich trägt; außerdem nach größerer oder geringerer Deutlichkeit, mit welcher derselbe durch diesen Schleier sichtbar werde. Ihre Wahrheit hänge so von der „Durchsichtigkeit" dieses Schleiers ab. Wo Schopenhauer die Resultate seiner Philosophie zum Maßstab von Wahrheit nehmen möchte, gibt er dem Buddhismus den Vorzug vor den anderen Religionen. (W II, 197)

Religion verleiht dem Menschen eine Ahnung von der gemeinsamen Natur allen Daseins, worin individuelle Unterschiede nichtig werden. Das Individuelle unterliegt den Strukturen von Raum und Zeit, Religion aber transzendiert das Individuelle. Seine philosophische Betrachtung des Lebens und die atheistische

Lehre der Erlösung führen Schopenhauer zu einer eigenen Art von Unsterblichkeitslehre. Darin sind Geburt und Tod Korrelate, die sich gegenseitig neutralisieren und aufheben sollen. Der Wille, das Ding an sich in allen seinen Erscheinungen sowie das Subjekt des Erkennens, „der Zuschauer aller Erscheinungen", bleibe in der philosophischen Betrachtung unberührt von Geburt und Tod. Der Tod verliert etwas von seinem Schrecken. So seien auch „jene antiken Sarkophage zu verstehn, die mit ihren Bildern des glühendsten Lebens dem klagenden Betrachter zurufen: *Natura non contristatur* – Die Natur wird nicht traurig". (W I, 348 f.)

Wird die Erkenntnis des Wesens der Dinge an sich zum *Quietiv* des Willens, so wendet der Wille sich vom Leben ab; „ihm schaudert jetzt vor dessen Genüssen, in denen er die Bejahung desselben erkennt", schreibt Schopenhauer im Hauptwerk. Der Mensch gelange in den Zustand freiwilliger Entsagung. Schopenhauer spricht von Resignation, wahrer Gelassenheit und gänzlicher Willenlosigkeit. „Wenn uns Andern, welche noch der Schleier der Maja umfängt", schreibt er dort, „auch zu Zeiten, im schwer empfundenen eigenen Leiden, oder im lebhaft erkannten fremden, die Erkenntniß der Nichtigkeit und Bitterkeit des Lebens nahe tritt, und wir durch völlige und auf immer entschiedene Entsagung den Begierden ihren Stachel abbrechen, allem Leiden den Zugang verschließen, uns reinigen und heiligen möchten; so umstrickt uns doch bald wieder die Täuschung der Erscheinung, und ihre Motive setzen den Willen aufs Neue in Bewegung: wir können uns nicht losreißen. Die Lockungen der Hoffnung, die Schmeichelei der Gegenwart, die Süße der Genüsse, das Wohlseyn, welches unserer Person mitten im Jammer einer leidenden Welt, unter der Herrschaft des Zufalls und des Irrthums, zu Theil wird, zieht uns zu ihr zurück und befestigt aufs Neue die Banden. Darum sagt Jesus: ‚Es ist leichter, daß ein Ankertau durch ein Nadelöhr gehe, denn daß ein Reicher ins Reich Gottes komme'." (W I, 470 f.)

6.5 Die Freude am Schönen und die Kunst

Während die Erlösung des Menschen vom Drang der Leiden dauerhaft nur im Heiligen und im Asketen erreichbar ist, hält Schopenhauer eine zumindest zeitweilige Erlösung durch die streng objektive Betrachtung von Natur und Kunst ebenfalls für möglich. Ästhetik und Naturphilosophie werden so zu notwendigen Bestandteilen der Philosophie. Der Mensch, der sich selbstlos in die Gegenstände der Kunst vertieft, wird demnach frei von der vom Willen auferlegten Sklaverei und Tyrannei. Schopenhauers Theorie des Schönen findet ihre Rechtfertigung in seinem philosophischen Pessimismus. Anders als später Nietzsche, dem diese Position ebenso unhaltbar erscheint wie die gesamte Theorie des Mitleids, stellt Schopenhauer Kunst nicht in den Dienst der Bejahung des Willens zum Dasein und Wohlsein, sondern sie bildet eine Vorstufe der Verneinung des Willens.

Doch auch für Schopenhauer ist die Aufnahme der ästhetischen Betrachtungsweise in die Lehre von der Verneinung des Willens ein Problem. „Wie ist Wohlgefallen und Freude", fragt er im Kapitel *Zur Metaphysik des Schönen und Ästhetik* den *Parerga*, „an einem Gegenstande möglich, ohne irgend eine Beziehung desselben auf unser Wollen?" (P II, 457) Zunächst entsteht ein Widerspruch, wenn durch Schönes Freude – also Wohlsein – erregt wird, ohne daß es Einfluß auf unsere vom Willen regierten Zwecke hätte. Schopenhauer löst den Widerspruch mit dem Verweis auf die Platonischen Ideen, die er in der Mitte zwischen Wille und Erscheinung verortet. Auch sie sind dem Satz vom Grund nicht unterworfen, und als Mittelglied zwischen Wille und Erscheinung verschaffen sie dem Menschen unmittelbaren Zugang zum Wesen der Welt.

Im Kunstwerk manifestiere sich die Idee als reine Intelligenz ohne Absichten und Zwecke. Die Nöte und Bedrängnisse des normalen Alltags würden dabei hinter uns gelassen. Es scheint, als wäre der die Erscheinungen durchpulsende Wille ausgeschaltet. Die Manifestation der Idee im Kunstwerk wirkt geradezu als Darstellung des Raum- und Zeitlosen in Raum und Zeit. So stellt sich jenes Gefühl des Wohlgefallens und der Freude ein, und es entfällt die Möglichkeit des Leidens. Kunst ist wesentlich schmerzlos. Die Teilhabe an der Welt, die sonst eine Teilhabe am Leiden ist, verwandelt sich im Zustand des reinen Erkennens, im Zustand der Selbstvergessenheit, durch den angeschauten Gegenstand in Genuß. Allerdings seien die meisten Menschen zu einer solchen reinen Auffassung außerstande; für den Künstler hingegen ist sie selbstverständlich. Die Kunst, schreibt Schopenhauer über diese *Objektität des Willens,* „reißt das Objekt ihrer Kontemplation heraus aus dem Strohme des Weltlaufs und hat es isolirt vor sich: und dieses Einzelne, was in jenem Strohm ein verschwindend kleiner Theil war, wird ihr ein Repräsentant des Ganzen, ein Aequivalent des in Raum und Zeit unendlich Vielen: sie bleibt daher bei diesem Einzelnen stehn: das Rad der Zeit hält sie an: die Relationen verschwinden ihr: nur das Wesentliche, die Idee, ist ihr Objekt." (W I, 239)

Eine Distanz zu Kants interesselosem Wohlgefallen in der Ästhetik darf hierbei nicht übersehen werden. Bei Schopenhauer geht es selbst in der Ästhetik um mehr als Ästhetik; bewirke diese doch die Aufhebung der Individualität. Es sind Reflexe der auch von Schelling geprägten romantischen Kunsttheorie bei ihm wirksam, wenn er von der Zweckfreiheit der Kunst spricht. Kunst ist überall am Ziel, sie will nirgendwo hingelangen. Der rein anschauende geniale Künstler ist ein rein erkennendes Subjekt, gleichsam ein „Weltauge". Er ist in der Lage, das aufgefaßte Wesen der Welt in der Kunst zu wiederholen, ohne es den äußerlichen Formen von Raum, Zeit und Kausalität zu unterwerfen. Der Künstler wird zum hellen Spiegel der Welt.

Ohne Rekurs auf die Platonischen Ideen ist diese Theorie nicht tragfähig. Sie bedarf eines Standpunktes außerhalb von Raum, Zeit und Kausalität. Der Künstler als Deuter des Welträtsels ist in den Ideen zu Hause. Gleichwohl geht Schopenhauers Lehre vom Schönen von der Natur aus, nicht wie diejenige Hegels von der Theorie eines *absoluten Geistes.* Schopenhauer sieht in der Natur etwas Ästhetisches, im Naturschönen erblickt er – anders als Hegel – auch das Kunstschöne.

Die Idee möchte er auffassen, indem er die dem Satz vom Grund folgende Erkenntnisweise verläßt. (V II, 213) Anschauung der Ideen, und das meint hier wahre Einsicht in das ewig sich gleichbleibende Wesen der Welt, die keine Verstandes- oder Vernunfterkenntnis sein soll, erfordert den Bezug auf genialische Erkenntnisse. Schopenhauer kann nicht darauf verzichten, der besonderen, von der gewöhnlichen diskursiven abweichenden, Erkenntnisart ein Gesicht zu geben. Er beruft sich auf das *Genie,* und was er von ihm erwartet, ist kaum verschieden von der Erkenntnisweise des Mystikers. Vom gewöhnlichen Menschen unterscheide sich das Genie dadurch, daß es – gleichsam als „klares Weltauge" – in den wirklichen Dingen die Idee, das Wesen auffasse, nicht seine Relationen zu anderen Dingen. (V II, 209) Geniale Erkenntnis grenzt Schopenhauer ausdrücklich von der Klugheit einer Verstandesoperation ab: Ein Kluger werde, sofern und während er es ist, nicht genial, und ein Genialer, sofern und während er es ist, nicht klug sein. (W I, 244 f.). Ein Genialer läßt sich Schopenhauer zufolge nicht ablenken von „Vernünftigkeit" und „Wissenschaft", sondern macht spontane Eingebungen geltend, in denen die Verbindung zwischen zwei Entscheidungen nicht durch das Gesetz der Kausalität hergestellt werden kann. Das Geschäft sorgfältig vorgehender Wissenschaftler, vor allem der Mathematiker – die „bloße Verkettung von Schlüssen, nach dem Satz des Erkenntnißgrundes" –, befriedige den Genius nicht im geringsten. (W I, 244) Auf einen genialen Menschen wirke der große Eindruck der Gegenwart; er reiße ihn hin zum „Unüberlegten, zum Affekt, zur Leidenschaft". (W I, 245)

Reine, im Objekt ganz aufgehende Kontemplation bewirke völlige Vergessenheit der eigenen Person, sie ist die Fähigkeit, sich rein anschauend zu verhalten. Dies ist die Fähigkeit des Genies, von dem allein Schopenhauer echte Kunstwerke erwartet. (V II, 203) Durch das Genie wird die Erkenntnis, die ursprünglich im Dienst des Willens stand, diesem entzogen und genügt sich selbst: Erkenntnis wird zum Selbstzweck.

Die unmittelbare Bezogenheit des genialischen Menschen auf die empirische Gegenwart darf nicht mißverstanden werden als naiver Realismus. Im Gegenteil. Nichts ist der Einsicht ins Wesentliche für Schopenhauer hinderlicher als das Festhalten an vordergründigen, scheinbar wesentlichen Erscheinungen. Von einem Künstler zu verlangen, er habe bloß das Sichtbare der Dinge so getreu wie möglich im Kunstwerk noch einmal darzustellen, bedeutet demnach nur, ihn daran zu hindern, ein Künstler zu sein. Eine Wachsfigur etwa könne niemals Anspruch erheben, ein Kunstwerk im ästhetischen Sinn zu sein, errege sie doch allenfalls Grausen, weil sie wirke wie ein starrer Leichnam, denn sie ist eben nur eine täuschende Nachahmung des Vordergründigen. (P II, 465)

Hatte Kant die Ideen als Funktion der Vernunft betrachtet, ihr Entstehen in die menschlichen Köpfe verlagert und ihnen allenfalls regulative Bedeutung für unsere Erkenntnis beigemessen, so besinnt sich Schopenhauer auf Platon, dem die Ideen das wahrhafte Sein im Unterschied zur geborgten Realität der Erscheinungen gewesen sind. Platons Ideen jedoch waren im höchsten Himmel beheimatet; Schopenhauer raubt sie den Göttern, übereignet sie den Menschen und macht sie sichtbar in den Werken eines Künstlers. Der Künstler, von dem Schopenhauer spricht, schafft seine Werke aus der Einsicht in die Idee, damit auch der Betrachter sich in den besonderen Zustand des reinen Erkennens versetzt fühlt.

Wahrnehmung des Schönen, ästhetische Auffassung des Wirklichen läßt uns einsehen, so Schopenhauer in seiner *Metaphysik des Schönen*, daß Erlösung von der Welt und ihrer Qual nur denkbar ist nach „gänzlicher Aufhebung alles Wollens". Damit aber ist auch die Welt, wie wir sie kennen, aufgehoben. Übrig bleibt für uns ein leeres Nichts: „das reine willenlose Erkennen allein giebt uns ein Unterpfand der Möglichkeit eines Daseyns, das nicht im Wollen besteht". (V II, 233) Die Freude, die uns der Zustand des reinen Erkennens jedesmal gewähre, verbindet Schopenhauer mit dieser Aufhebung.

Die verschiedenen Kunstgattungen handelt Schopenhauer in seinen *Vorlesungen* und in seinem Hauptwerk ab. Von der Baukunst ausgehend, die auf der untersten Stufe den „Kampf zwischen Schwere und Starrheit" verdeutlicht, stellt das Trauerspiel eine Steigerung dar. (V II, 261 ff.) Die Musik nimmt eine Sonderstellung ein. Sie wirke mächtiger als alles andere auf das Innerste des Menschen. So schreibt er in einem Aphorismus *Zur Metaphysik des Schönen*: „Die Musik ... ist die Melodie, zu der die Welt der Text ist". (P II, 473 f.)

Das Genie schaut eine andere Welt an, obwohl es doch die aller übrigen Betrachter ist. Die schönen Künste stehen auf einer Ebene mit der Philosophie. Beide arbeiten darauf hin, das Problem des Daseins zu entschleiern. Der tiefere Ernst der Kunst liegt in ihrer gemeinsam mit der Philosophie geteilten Fragestellung nach dem Wesen des Lebens. Mehr noch als andere Künste hält die Musik eine tiefgreifende Antwort bereit, denn sie ist nicht in andere Sprachen übersetzbar. Offenbaren die Ideen doch wieder nur das Wesen der Erscheinungen, so kommt in der Musik der Wille selbst und unmittelbar zum Ausdruck. Gemeinsam mit der Musik überträgt Schopenhauer der Kunst das Erbe der positiven Religionen.

7. Zur Wirkung

7.1 Rentnerphilosoph, Poet und Kulturkritiker

Wenig Schmeichelhaftes finden Philosophieprofessoren in Schopenhauers Werk. Aber nicht nur dies sowie der gänzlich unakademische Charakter seines Denkens und Schreibens sind Gründe dafür, daß Schopenhauers Philosophie lange Zeit kaum Anhänger fand. Sie hat sich in keine gerade gängige Hauptrichtung des Denkens bruchlos eingefügt. Solche Brüche sind Ausdruck der Präsenz verschiedenster Motive in Schopenhauers Philosophie, die einander in anderen Systemen oft gegenseitig ausschließen. Mal ist Schopenhauer Transzendentalphilosoph, dann wieder Materialist; zumeist tritt er auf als Metaphysiker, aber auch wieder als ihr Kritiker; einerseits lebt seine Kardinalthese von mystischen Anwandlungen, andererseits von der Idee der Aufklärung; zeigt er sich dort als Kritiker von Religions- und Moralphilosophie, so entbirgt sich hier der tiefste Impuls seines Werkes als religiös und ethisch; und schließlich tritt er ausdrücklich als Kritiker des Justemilieu auf, dem sein Denken doch auch selbst entspringt.

Insgesamt ist die Erscheinung des Philosophen Schopenhauer Ausdruck des Zerfallsprozesses des deutschen Idealismus nach Hegel. Der Gegenwart der Gegensätze in seinem Denken entspricht die Beurteilung des Philosophen und seiner Philosophie. Interessanterweise halten zunächst sowohl Linkshegelianer als auch Rechtshegelianer Distanz zu Schopenhauer. Friedrich Albert Lange nennt seine Philosophie einen „Idealismus, welcher neben Kant als reaktionär zu bezeichnen und außerdem gar nicht leicht zu verstehen ist" (Lange, 537); Franz Mehring stellt ihn als den ersten Philosophen „des deutschen Spießbürgertums" vor (Mehring, 408); und Wilhelm Windelband bringt die Rede auf Schopenhauers „Irrationalismus". (Windelband, 521)

Zu den wichtigsten, gleichwohl weniger als Wagner und Nietzsche bekannten Anhängern der Philosophie Schopenhauers, und zu den Autoren, die in der zweiten Hälfte des achtzehnten Jahrhunderts um deren Verbreitung bemüht gewesen waren, gehören neben Julius Frauenstädt vor allem der Philosoph und Philologe Julius Bahnsen (1830–1881) sowie der Philosoph und Freund Nietzsches, Paul Deussen (1845–1919). Während Bahnsen in seinen Schriften erkenntnistheoretische Konsequenzen aus der Willensmetaphysik verfolgt und dabei die Lehre der Seelenwanderung stark bemüht, zielen Deussens Überlegungen auf die Metaphysik der Natur und des Schönen und schließlich auf eine wahre Moralität durch Verneinung, welche über Gerechtigkeit, Liebe und Askese zu erreichen sei. (Vgl. Siebert 1905, 230 ff.)

Seit der Mitte des zwanzigsten Jahrhunderts herrscht in der akademischen Philosophie der Vorwurf des Irrationalismus gegenüber der Lehre Schopenhauers vor. Vor allem Georg Lukács steigert diesen Vorwurf ins Geringschätzige, indem er Schopenhauers Pessimismus insgesamt als einen ideologischen Reflex der Restaurationsperiode charakterisiert und seine Berufung auf einzelne Aspekte der Aufklärung – wie das auch für Nietzsche gelte – als eine Verdrehung der aufklärerischen Tendenzen ins Reaktionäre wertet. (Lukács, 183 u. 185) Lukács' Urteil ist nicht unberechtigt, aber es übersieht, daß sich hinter diesen Tatsachen zugleich tiefe Verachtung für die bürgerlichen Denkhorizonte im neunzehnten Jahrhundert verbirgt. *Einen* originellen Gedanken bescheinigt Lukács Schopenhauer, worauf Schmidt ausdrücklich verweist (Schmidt 1988a, 97f.). Schopenhauer habe eine höhere Form der Apologetik des Kapitalismus gefunden: die *indirekte Apologetik.* „Während die direkte Apologetik bemüht ist, den Kapitalismus als die beste aller Ordnungen darzustellen …, arbeitet die indirekte Apologetik die schlechten Seiten des Kapitalismus … grob heraus, erklärt sie aber zu Eigenschaften nicht des Kapitalismus, sondern des menschlichen Daseins schlechthin, der Existenz überhaupt." (Lukács 1973, 181f.) Schopenhauers Verachtung der Gedankenwelt des neunzehnten Jahrhunderts und der mit dessen Wahrheitspathos verbundenen Unaufrichtigkeit liegt versteckt in der Willensmetaphysik. Wer pauschal Metaphysik ablehnt, ohne ihre qualitative Neubestimmung durch Schopenhauer zur Kenntnis zu nehmen, behält lediglich einen unpolitischen Irrationalismus zurück. Berücksichtigt man aber, daß sich Schopenhauers Metaphysik dem Vordergründigen der Identität von Wesen und Erscheinung, der „vollständigen Wiederholung, gleichsam Abspiegelung der Welt in abstrakten Begriffen" (W I, 124) widersetzt, sich der Gewalt der „Systeme" und der „Priorität" des Logischen (vgl. Schmidt 1988a, 114) entgegenstellt, dann ordnet sie sich beinahe nahtlos ein in die großen kultur- und gesellschaftskritischen Tendenzen des neunzehnten Jahrhunderts. Was sich von der Welt abspiegeln läßt in abstrakten Begriffen, ist in moralischer Hinsicht zweitrangig, auch wenn es korrekt abgespiegelt ist. Es spiegelt eine Wahrheit vor, die der Möglichkeit, daß es auch anders sein könnte, keinen Raum läßt. Der Inhalt der Begriffe und Systeme spiegelt zwar objektiv gegebene Verhältnisse wider, doch sind diese Objektivitäten nicht deswegen schon die letzte Wahrheit über die Welt. Der bürgerliche Philosoph Schopenhauer trägt so die Fahne des antibürgerlichen Denkens voran und wird zur Leitfigur der Kulturkritik innerhalb der bürgerlichen Welt.

Dem entspricht, daß sich die entscheidenden Wirkungen Schopenhauers auf ethisch eingestellte Künstlernaturen erstrecken. Früh bekannte sich Leo Tolstoj zu Schopenhauer, den er für den „genialsten der Menschen" hielt und dessen Schriften ins Russische zu übersetzen er empfahl. (Vgl. Hasse 1926, 458) In seinen *Gedanken und Erinnerungen* hebt Tolstoj hervor, daß Schopenhauer sehr schön gesagt habe, „niemand würde ein Tier töten, wenn er sich seiner metaphysischen Identität mit demselben bewußt wäre. Und in der Tat, wenn es diese Identität mit allem was lebt nicht gäbe, wäre es schrecklich. Man muß sich nur vorstellen, wie schrecklich das Leben wäre, wenn der Mensch auf der Erde allein wäre." (Tolstoj 1942, 153 f.)

Auch den tiefgreifenden Eindruck, den Schopenhauer auf Richard Wagner gemacht hat, kann man zurückführen auf die für Schopenhauers Philosophie entscheidende „Identität alles Lebenden". (Kienzle 1992, 39 f.) Wie Schopenhauer spricht Wagner der Musik die ausgezeichnete Fähigkeit zu, diese Identität erfahrbar zu machen. Musik als Abbild des Willens selbst soll durch ihre Vereinigung mit dem Drama noch vervollkommnet werden. So diene Wagner Schopenhauers Ästhetik, wie Kienzle hervorhebt, „als Fundament einer neuartigen Dramenkonzeption, die es sich zur Aufgabe macht, philosophische Erkenntnis sowohl an den Verstand als auch an das Gefühl des Menschen zu vermitteln". (Ebd., S. 40) Im komponierenden Musiker gelangt der Wille schließlich zur Selbsterkenntnis. „Es ist nicht anders zu fassen", schreibt Richard Wagner, „als daß der im bildenden Künstler durch reines Anschauen zum Schweigen gebrachte *individuelle* Wille im Musiker als *universeller* Wille wach wird, und über alle Anschauungen hinaus sich als solcher recht eigentlich als selbstbewußt erkennt. ... Diese ungeheure Überflutung aller Schranken der Erscheinung muß im begeisterten Musiker notwendig eine Entzückung hervorrufen, mit welcher keine andere sich vergleichen ließe: in ihr erkennt sich der Wille als allmächtiger Wille überhaupt: nicht stumm hat er sich vor der Anschauung zurückzuhalten, sondern laut verkündet er sich selbst als bewußte Idee der Welt." (Vgl. Kienzle 1992, 47 f.)

7.2 Wo Es war, soll Ich werden

Der ewige Wille gibt sich zu erkennen, wenn er aus der dunklen Tiefe unseres Innern räumlich, zeitlich und individuiert zur Erscheinung kommt. Als die eigentliche Triebkraft der Welt ist der Wille nicht an sich erkennbar, wohl aber vermittels seiner Objektivationen. Was es durch die Metaphysik zu erkennen gilt, das ist der innere Motor der Welt, der sein wahrhaftes Gesicht versteckt hinter vordergründigen Vorstellungen. Wie durch eine bunte Brille betrachten wir die Welt in für uns angenehmen Farben. Die aufklärerische Radikalität der Schopenhauerschen Philosophie verfolgt das Ziel, dem Menschen die Brille wegzureißen und die selbstgeschaffenen, verklärenden Bilder seiner Welt zu entzaubern. Diese Bewußtmachung der unbewußten Macht des leibhaften Daseins, die dort am bedrohlichsten anwächst, wo sich die selbstherrliche Autonomie des Geistes zu etablieren wähnt, das ist auch das Ziel der therapeutischen Arbeit der Psychoanalyse Sigmund Freuds (1856–1939) gewesen. Was Schopenhauer als Philosoph erreichen wollte, das suchte Freud als Arzt zu bewältigen. Schopenhauers *Willensmetaphysik* ist ihrer Intention nach weithin deckungsgleich mit der *Metapsychologie* Freuds.

Die innere Verwandtschaft der Freudschen Trieblehre und der Willenslehre Schopenhauers sticht da am deutlichsten hervor, wo Wille und Unbewußtes gleicherweise den hochproblematischen Nerv des moralisch Verwerflichen beim Namen nennen. Der Wille und das Unbewußte widersetzen sich den eingeschliffenen

Normen des Realitätsprinzips; sie entlarven den Schein der selbstbewußten Autonomie des Ichs und erklären es darüber hinaus zum Handlanger eines Anonymen und Naturnotwendigen. Der „losgelassene Wille gleicht dann dem Strome, der den Reiter abgeworfen hat, der Uhr aus welcher die hemmenden Schrauben herausgenommen sind." (W II, 475 f.)

Die Bewußtmachung des Unbewußten, das mit der *Welt als Wille und Vorstellung* begonnene Programm, findet seine Ausarbeitung und Systematisierung im Lehrgebäude der Freudschen Psychoanalyse. Freud ebenfalls vergleicht das *Ich* in seinem Verhältnis zum *Es* mit einem „Reiter, der die überlegene Kraft des Pferdes zügeln soll, mit dem Unterschied, daß der Reiter dies mit eigenen Kräften versucht, das Ich mit geborgten ... Wie dem Reiter, will er sich nicht vom Pferd trennen, oft nichts anderes übrigbleibt, als es dahin zu führen, wohin es gehen will, so pflegt auch das Ich den Willen des Es in Handlung umzusetzen, als ob es der eigene wäre". (Vgl. Gödde 1999, 364 ff.) Die Umschreibung der Bestimmungen des Unbewußten mit dem Terminus *Es* bei Freud stammt der Sache nach aus der Schopenhauerschen Metaphysik des Willens, obgleich Freud sich explizit auf Groddeck und Nietzsche bezieht. Nach eigenem Bekunden hat Freud erst sehr spät Schopenhauer gelesen, dabei aber weitgehende Übereinstimmungen der Psychoanalyse mit dessen Philosophie entdeckt. Ungeachtet dessen hat Freud als Mitglied im *Leseverein der deutschen Studenten Wiens* einiges über Schopenhauer und Eduard von Hartmanns *Philosophie des Unbewußten* vernommen. (Vgl. ebd., S. 120, 331) Überhaupt galt Schopenhauer als der einflußreichste und meistgelesene nachkantische Denker der „Wiener Moderne". In der „Versuchsanstalt des Weltuntergangs", wie Karl Kraus die intellektuellen Zirkel Wiens während der Krise des Liberalismus im ausgehenden neunzehnten Jahrhundert ironisch bezeichnet, entsteht die Psychoanalyse. Auch Freud unterhält Kontakte zu verschiedenen Kultur-Kreisen, wo sich unter anderen Wittgenstein, Herzl, Adler, Mach, Mahler, Schönberg zu kompromißloser intellektueller Redlichkeit miteinander verschwören. (Vgl. ebd., 210, 246 f.) Hier erleben die Bücher von Schopenhauer und Nietzsche Rekordumsätze.

Ähnlich dem Vorgehen Freuds, dessen Psychoanalyse auf seinen frühen Erfahrungen mit Hysterie-Kranken beruht, gründete schon Schopenhauer seine Triebtheorie auf empirischen Studien psychischer Krankheiten in der Berliner Charité in den Jahren 1811–1813. In diesem seinerzeit „modernsten" Irrenhaus besuchte Schopenhauer mindestens drei Patienten regelmäßig. Trotz der Modernität der Charité herrschten dort noch Foltermethoden vor, mit denen die Ärzte den Wahnsinn bekämpften. Die Behandlung der Irren stützte sich auf die Ansicht, daß Kants Kategorischer Imperativ und die durch ihn geforderte, unbedingte Achtung vor dem Sittengesetz für das Subjekt auch im pathologischen Zustand verpflichtend sei. Ziel der psychiatrischen Behandlung war es daher, den Patienten um jeden Preis unter die Herrschaft der Vernunft und des Sittengesetzes zurückzubringen. (Vgl. Zentner, 14)

Schopenhauers Interesse am Wahnsinn unterscheidet sich von diesem Ziel ebensosehr wie seine gesamte Philosophie vom naturwissenschaftlichen und ethischen Kantianismus. Mit dem Wahnsinn hat Schopenhauer sich durch Vorkommnisse in seiner eigenen Familie väterlicherseits als Kind bereits vertraut machen müssen. Weil er jedoch „nirgends ... eine deutliche und befriedigende Erklärung vom eigentlichen Wesen des Wahnsinns überhaupt angetroffen" habe, sah er sich, wie er berichtet, veranlaßt, „in den Irrenhäusern selbst suchen zu müssen", und erklärte schließlich, einen „im Ganzen befriedigenden Aufschluß gefunden zu haben". (V I, 372) Beobachtungen an Wahnsinnigen führten ihn zu der Einsicht, daß weder „ihre *Vernunft*, noch daß ihr *Verstand* krank sei". (HN I, 87) Vielmehr verrate die Lebensgeschichte des Patienten etwas über den Anlaß dieser Krankheit. Anlaß sei „in der Regel ein heftiges geistiges Leiden, unerwartet gekränkter Stolz, heftige Liebe die abgewiesen wird, überhaupt unerwartet entsetzliche Begebenheit jeder Art. ... Wahnsinn ist der *Lethe* übergroßer Schmerzen; dies geschieht, indem nun der sosehr gepeinigte Geist gleichsam den Faden der Rückerinnerung zerreißt und die Lücke, welche dadurch entsteht, ausfüllt mit den ersten besten Fiktionen: so flüchtet er gleichsam von dem seine Kräfte übersteigenden geistigen Schmerz zum Wahnsinn." (V I, 377) Seine Erklärung des Wahnsinns durch ein Trauma und den Mechanismus der Verdrängung deckt sich mit Freuds Erklärung der Psychose aus dem Jahre 1894. „Man ist also berechtigt zu sagen," schreibt Freud in einem Aufsatz über *Abwehr-Neurosen*, „daß das Ich durch die Flucht in die Psychose die unerträgliche Vorstellung abgewehrt hat." (Freud 1960, I, 73) Eine Person, welche sich von einer unerträglichen Vorstellung losgerissen habe, befinde sich schließlich nach glücklich gelungener Abwehr in halluzinatorischer Verworrenheit. Abgesehen von der Bedeutung des Unbewußten, die Schopenhauers Trieblehre mit der Psychoanalyse verbindet, arbeitet seine Theorie des Wahnsinns bereits – wie Zentner nachgewiesen hat – mit den später von Freud systematisch untersuchten Symptomen Erinnerungsausfall und Verdrängung, Konfliktbewältigung, Ersatzbildung und Verschiebung, Flucht in die Krankheit sowie einzelnen Aspekten einer Traumtheorie.

Ausdrücklich beruft sich Freud bezüglich seiner Lehre vom Todestrieb auf Schopenhauers *Parerga und Paralipomena*. Dort stellt Schopenhauer eine *Transscendentale Spekulation über die anscheinende Absichtlichkeit im Schicksale des Einzelnen* an. „So geleitet denn", heißt es hier über die geheimnisvolle Lenkung des Individuums durch eine innere Bestimmung der Natur, „jene unsichtbare und nur in zweifelhaftem Scheine sich kund gebende Lenkung uns bis zum Tode, diesem eigentlichen Resultat und insofern Zweck des Lebens. In der Stunde desselben drängen alle die geheimnißvollen (wenn gleich eigentlich in uns selbst wurzelnden) Mächte, die das ewige Schicksal des Menschen bestimmen, sich zusammen und treten in Aktion. Aus ihrem Konflikt ergiebt sich der Weg, den er jetzt zu wandern hat, bereitet nämlich seine Palingenese [Wiedergeburt] sich vor, nebst allem Wohl und Wehe, welches in ihr begriffen und von Dem an unwiderruflich bestimmt ist. – Hierauf beruht der hochernste, wichtige, feierliche und furchtbare Charakter der Todesstunde. Sie ist eine Krisis, im stärksten Sinne des Worts, – ein Weltgericht." (P I, 245)

Während es Freud um eine rein positivistische Auffassung vom psychischen Patienten und den ihn bewegenden naturwissenschaftlich zu beschreibenden Triebkräften geht, sucht Schopenhauer die Erklärung des Zeitlichen im Überzeitlichen. „Und da läßt sich dann nur noch im Allgemeinen sagen", wie es in dem zitierten Kapitel heißt, „unser Lebenslauf werde, mittels jener Lenkung, so reguliert, daß von dem Ganzen der durch denselben uns aufgehenden Erkenntniß der metaphysisch zweckdienlichste Eindruck auf den *Willen*, als welcher der Kern und das Wesen an sich des Menschen ist, entstehe." (Ebd.) Auch das empirische Faktum des Wahnsinns fügt sich bei Schopenhauer derart ein in seine Willensmetaphysik. Neben Askese und Kunst hat er im Wahnsinn eine weitere Form der Leidensbewältigung und damit eine Bestätigung seiner These von der Identität des Leidens mit dem Willen gefunden.

Der Wiederkehr des Schopenhauerschen Willens im Lustprinzip der Psychoanalyse sind die in der Mitte des neunzehnten Jahrhunderts gängigen zahlreichen *Philosophien des Unbewußten* förderlich. Neben Eduard von Hartmann (1842–1906) waren Carl Gustav Carus (1789–1869), Gustav Theodor Fechner (1801–1887) sowie Immanuel Hermann Fichte (1796–1879) sowie einige andere um eine Klärung des Begriffs des *Unbewußten* bemüht. Schopenhauers Blick aber konnte zuerst der mit dem Unbewußten verbundenen ungeheuren Kraft des Geschlechtstriebes standhalten. Er hat auch gesehen, daß die Geschlechtsliebe ebenso die geheime Triebfeder von Philosophie und Weltliteratur wie auch der Geschäfte in der wirklichen Welt ist. Alle „Verliebtheit" führt er zurück auf den Geschlechtstrieb. In allen ihren Abstufungen und Nuancen habe die Geschlechtsliebe nicht bloß in Schauspielen und Romanen, sondern auch in der wirklichen Welt immer schon eine entscheidende Rolle gespielt. Sie habe bisweilen „selbst die größten Köpfe auf eine Weile in Verwirrung" gesetzt und sich nicht gescheut, „zwischen die Verhandlungen der Staatsmänner und die Forschungen der Gelehrten, störend, mit ihrem Plunder einzutreten, ihre Liebesbriefchen und Haarlöckchen sogar in ministerielle Portefeuilles und philosophische Manuskripte einzuschieben". Sie ist keine Kleinigkeit, sondern eine Sache von höchster Wichtigkeit und höchstem Ernst. Diesen Endzweck aller „Liebeshändel" stellt Schopenhauer in seiner Kraft über alle anderen Zwecke im Menschenleben. (W II, 624 f.)

Daß diese Ernsthaftigkeit der Geschlechtsliebe in der Willensmetaphysik Schopenhauers eine angemessene Berücksichtigung erfährt, haben Verfasser von Weltliteratur immer wieder gespürt und für ihr eigenes Werk verwenden können. So verflüchtigen sich Thomas Manns Vorbehalte, die er gegenüber Freud hin und wieder äußerte, wenn er dessen Lehre vor dem Hintergrund der Metaphysik Schopenhauers betrachtet. Schopenhauer ist auch für Thomas Mann der „Vater aller modernen Seelenkunde", und von ihm gehe „über den psychologischen Radikalismus Nietzsches eine gerade Linie zu Freud und denen, die seine Tiefenpsychologie ausbauten". (Vgl. Gödde 1999, 427) Nietzsche und Schopenhauer liefern den metaphysischen Gehalt nicht nur in den *Buddenbrooks*. Der metaphysische Pessimismus der Philosophie Schopenhauers entspricht von Anfang an dem Weltgefühl des jungen Thomas Mann. Er hält ihn für einen Stilisten ersten Ranges und für einen großen Schriftsteller, einen Schöngeist und Sprachkenner. Schopenhauers Werk sei ganz vorzugsweise für Künstler und Kenner der Kunst geschaffen. (Vgl. Mann 1995, IV, 255, 266) Rühmend hebt Mann hervor, daß Schopenhauer die Ethik noch über die Ästhetik gestellt habe. Denn „Ethik", schreibt Mann, „das war die Lehre von der Umkehr des Willens in seiner höchstgestuften Objektivation, dem Menschen; von des Willens Selbstverneinung und Selbstaufhebung kraft der Einsicht in die schreckliche Irrtümlichkeit und Nichtswürdigkeit der Leidenswelt, die sein Werk und Spiegel, seine Objektität war – kraft also der Selbsterkenntnis des Willens zum Leben als des absolut und endgültig zu Verneinenden". (Ebd. 271)

7.3 *Widerstand ist die Seele der Schopenhauerschen Philosophie*

Die unter der – von Lukács zu Recht kritisierten – Oberfläche reaktionärer Momente liegenden sozialkritischen Impulse in Schopenhauers Denken hat im zwanzigsten Jahrhundert Max Horkheimer wirksam zu verwenden gewußt. Neben Nietzsche ist Horkheimer einer der wenigen Philosophen, die den metaphysischen Pessimismus im Zusammenhang mit dem „Verfaulungsprozeß des absoluten Geistes" einerseits und den im neunzehnten Jahrhundert vorherrschenden seichten Erscheinungsformen des Materialismus und Positivismus andererseits erfaßt haben. (Vgl. Schmidt 1988a, 112) Weit eher mit sich selbst und seiner Philosophie beschäftigt als mit den „Lieblingsideen der Bildungsangestellten" (Horkheimer VII, 123), trat Schopenhauer auf gegen Heuchelei, Konventionalität und Bestechlichkeit. Auch Nietzsche hatte dem „Unzeitgemäßen" zunächst grenzenlose Ehrlichkeit bescheinigt. „Schopenhauer will nie scheinen", lobt er seinen *Erzieher*, „denn er schreibt für sich, und niemand will gern betrogen werden, am wenigsten der Philosoph, der sich sogar zum Gesetze macht: betrüge niemanden, nicht einmal dich selbst!" (Nietzsche, I, 346) Statt sich maskenhaft dem Gesicht einer oberflächlichen Gesellschaft anzugleichen, wie „jene in ihrem Staat vergnügten Philosophieprofessoren", die in ihrer „unruhigen-, gedanken- und lieblosen" Bildung zu deren Feind werden, habe der „Schopenhauersche Mensch das freiwillige Leiden der Wahrhaftigkeit auf sich" genommen. (Ebd. 366, 371)

Anders als Nietzsche, der bald größere Distanz zu Schopenhauers Metaphysik gewann, blieb Horkheimer deren philosophischer Grundhaltung bis zuletzt verbunden. Daß Schopenhauer in seiner Ferne zum Bildungsbürgertum der Epoche weder Staat noch Technik vergottet habe, rechnet er ihm hoch an. „Die Entfaltung des Intellekts", darin stimmt auch Horkheimer Schopenhauer zu, „beruht auf der des Bedürfnisses. Die größten Förderer der Wissenschaft waren Hunger, Machttrieb und der Krieg." (Horkheimer VII, 124 f.)

Ein Zeichen der Unbestechlichkeit durch den Zeitgeist erkennt Horkheimer in Schopenhauers Skepsis gegenüber der Parole „Nation" und seiner Furcht vor der Begeisterung des beginnenden Nationalismus. In der Kluft zwischen ihm und dem politischen Zeitgeist erkennt Horkheimer eine Akzentverschiebung im Begriff der Wahrheit. „Schopenhauer hat den Begriff der Wahrheit festgehalten, wenngleich sie zum Negativen ihrer selbst führt, sie hat ihm den Entschluß bedeutet, bei keinem Wahn sich zu beruhigen. Ihr Name war ihm eins mit Philosophie". (Ebd. 136) Die anhaltende Aktualität dieser Philosophie besteht darin, daß sie die formale Gestalt dessen unterminiert, was als Wahrheit gilt, aber gleichwohl Anspruch darauf erhebt, wahr zu sein. Sie stellt sich jedem Absolutheitsanspruch in Philosophie und Theologie entgegen, indem sie ihn aus den Schwächen der menschlichen Natur erklärt. „Das Bedürfnis nach einem Positiven, Bleibenden, als dem Sinn in allem Wechsel, war der Motor der Philosophie", bemerkt Horkheimer, indem er den von Schopenhauer überwundenen Anspruch der Philosophie herausstellt, es der positiven Theologie nachzutun. (Ebd. 129) Statt in einem allerhöchsten Wesen und allerrealsten Sein auch das Gute und die Wahrheit sehen zu wollen, spreche Schopenhauers Philosophie in Vollendung aus, daß es keine Macht gebe, bei der die Wahrheit aufgehoben wäre, denn sie trage den Charakter der Machtlosigkeit an sich. Auch stelle nach Schopenhauer die Philosophie keine praktischen Ziele auf, sondern sie kritisiere den absoluten Anspruch der Programme, ohne selbst für eines zu werben.

Horkheimer erkennt, daß unter dem reaktionären Schein an der Oberfläche der Schopenhauerschen Metaphysik der tiefer gelegene, wesentlichere, sozialkritische Zug seiner Lehre hervortritt. Die für die Kritische Theorie der Gesellschaft maßgebliche Idee möglicher Solidarität wurzelt in Schopenhauers Urteilsspruch: „Der Quäler und der Gequälte sind Eines." (W I, S. 441) In der Kritischen Theorie Horkheimers steht, wie Schmidt zeigen konnte, die Schopenhauersche Willenslehre für das *malum metaphysicum* und der historische Materialismus für das *malum physicum*. „Entscheidend war wohl für Horkheimer von Anbeginn", führt Schmidt diesen Gedanken weiter aus, „daß Schopenhauer und Marx darin übereinkommen, daß sie das jeweils erkannte ‚Wesen' nicht glorifizieren, sondern *moralisch* verneinen. Die blinde Naturmacht des Willens soll ebensowenig das letzte Wort behalten wie der ‚naturgeschichtliche' Primat des Ökonomischen." (Schmidt 1988b, 377) Schon Marx rühmte die Voraussetzungen der Mitleidsethik an Schopenhauers Lehre, vor allem dessen „Gebot ..., in der Wesenseinheit alles Organischen die Pflicht zu erkennen, weder Mensch noch Tier Leiden zu verursachen", und das „einfache Gebot" der Gerechtigkeit. (Vgl. Schmidt 1988a, 100) Was Schopenhauer, der vom Historischen Materialismus nichts wußte, in die Nähe von Marx und Engels rückt, ist nicht zuletzt sein Gespür für die Allgegenwart der Gesetze des Warenmarkts, die strenggenommen selbst die Philosophie beherrschen. Er vergleicht die Philosophie mit einer Notenbank und die geistige Oberflächlichkeit des Gelehrtenstandes mit derjenigen der Kaufleute. Während allerdings in der „großen Maskerade", welche die „civilisirte Welt" ist und worin man „Ritter, Pfaffen, Soldaten, Doktoren, Advokaten, Priester, Philosophen" antrifft, alle nicht „sind, was sie vorstellen: sie sind Masken, unter welchen, in der Regel, Geldspekulanten (*moneymakers*) stecken", machen doch „Kaufleute unter diesen Masken ... den einzig ehrlichen Stand ... aus; da sie allein sich für Das geben, was sie sind: sie gehen also unmaskirt herum; stehn daher auch niedrig im Rang." (P II, 229 f.)

Abb. 11: Daguerreotyp vom 3. September 1852

Mit seiner unbestechlichen Wahrheitsliebe steht Schopenhauer in einer Linie mit den großen europäischen Aufklärern, zu denen zuletzt noch Horkheimer gehörte. Vor Schönfärberei hütet er sich auch dann, wenn sein privates Interesse ins Spiel kommt. Im ganzen durchschaut er „als einer der ersten", wie Schmidt hervorhebt, „den fassadenhaft-ideologischen Charakter der modernen Kultur. Er sieht die Philosophie ‚im Auftrage der Natur und der Menschheit'. Als Organon ‚freier Wahrheitsforschung' ist sie mit der biologisch-lebenspraktisch orientierenden Tätigkeit des Intellekts so wenig zu verwechseln wie mit dessen Produktion von Masken, die dazu dienen, Begierden und Egoismen zu verbergen." (Schmidt 1996, 36)

Anhang

1. Zeittafel

1788	22. Februar: Arthur Schopenhauer wird in Danzig geboren
1799	Besuch der Rungeschen Privatschule in Hamburg
1800	Reise nach Karlsbad und Prag
1803–04	Reise nach England, Holland, Frankreich, Schweiz, Österreich, Schlesien und Preußen
1805	Heimkehr nach Hamburg und Beginn der Kaufmannslehre 20. April: Tod des Vaters
1807	Gymnasium in Gotha
1809	Student der Medizin in Göttingen
1809–11	Auf Anraten Schulzes intensives Studium Platons und Kants
1811–13	Studium der Philosophie bei Fichte und Schleiermacher in Berlin
1813	Kurzer Aufenthalt in Weimar – Niederschrift der Dissertation *Über die vierfache Wurzel des Satzes vom zureichenden Grunde* in Rudolstadt – Promotion *in absentia* an der Jenaer Universität – im Oktober auf Einladung Goethes abermals in Weimar
1814	Rückkehr nach Dresden
1815	Ausarbeitung der Abhandlung *Über das Sehn und die Farben* (erscheint 1816)
1818	*Die Welt als Wille und Vorstellung* erscheint
1818–19	Erste Italienreise
1819	Zusammenbruch des Danziger Bankhauses Mohl – eilige Rückreise nach Weimar – Wiederbegegnung mit Goethe
1820	Habilitation an der Universität Berlin – Probevorlesung *Über die vier verschiedenen Arten der Ursachen* – anschließend Schopenhauers einzige Vorlesung *Über die gesamte Philosophie oder die Lehre vom Wesen der Welt und vom menschlichen Geist*
1822	Zweite Italienreise
1824	Kur in Bad Gastein – im September in Dresden
1825	Noch einmal in Berlin, um – vergeblich – Hörer für seine Vorlesung zu gewinnen
1831	Wegen einer Choleraepidemie in Berlin Flucht nach Frankfurt
1832–33	Aufenthalt in Mannheim
1836	*Über den Willen in der Natur*
1838	Tod der Mutter
1839	Die Königl. Norwegische Societät der Wissenschaften in Drontheim zeichnet die Abhandlung *Über die Freiheit des Willens* mit einem Preis aus

1840	Die eingesandte Abhandlung *Über das Fundament der Moral* wird von der Königl. Dänischen Societät der Wissenschaften nicht prämiert – Ergänzungen zur *Welt als Wille und Vorstellung*
1851	*Parerga und Paralipomena*
1860	21. September: Schopenhauer stirbt – 26. September: Begräbnis auf dem Frankfurter Hauptfriedhof

2. Bibliographie

A) Werke

Züricher Ausgabe, Werke in zehn Bänden, Zürich 1977.

Sämtliche Werke, nach der ersten von Julius Frauenstädt besorgten Gesamtausgabe neu bearb. und hrsg. von Arthur Hübscher, 7 Bände, 4. Auflage, durchges. von Angelika Hübscher, Mannheim 1988; Bd. 1 enthält: *Lebensbild* von Arthur Hübscher sowie Schopenhauers *Über das Sehn und die Farben.*

Hauptwerke, 2 Bde., hrsg. und mit einem Nachwort von Alexander Ulfig, Köln 2000.

Der Handschriftliche Nachlaß, hrsg. von Arthur Hübscher, 5 Bände in 6. Frankfurt am Main 1966–1975.

Gesammelte Briefe, hrsg. von Arthur Hübscher, 2. verbesserte und ergänzte Auflage, Bonn 1987.

Gespräche, neue, stark erweiterte Ausgabe hrsg. von Arthur Hübscher, Stuttgart-Bad Cannstatt 1971.

Philosophische Vorlesungen, hrsg. von Franz Mockrauer, in: Arthur Schopenhauers sämtliche Werke, neunter und zehnter Band, hrsg. von Paul Deussen, München 1913.

Schopenhauer, Johanna, *Ihr glücklichen Augen. Jugenderinnerungen, Tagebücher, Briefe*, hrsg. von R. Weber, Berlin (Ost) 1978.

B) Hilfsmittel und Darstellungen

Abendroth, Walter, *Schopenhauer*, Reinbek bei Hamburg [16]1993.

Aul, Joachim, *Schopenhauer-Bibliographie*, mit einem Vorwort vom Margit Ruffing, Frankfurt 1995.

Digitale Bibliothek: Philosophie von Platon bis Nietzsche, Berlin 1998.

Fischer, Kuno, *Schopenhauers Leben, Werke und Lehre*, Heidelberg [4]1934.

Frauenstädt, Julius, *Briefe über die Schopenhauersche Philosophie*, Leipzig 1854.

Gwinner, Wilhelm von, *Arthur Schopenhauer aus persönlichem Umgang dargestellt*, Leipzig 1862; vielfach vermehrt und umgearbeitet; kritisch durchgesehen und mit einem Anhang neu hrsg. von Charlotte von Gwinner, Leipzig 1922; gekürzte Neuausgabe, Frankfurt am Main 1963, [2]1987 (vgl. hier Auflage Leipzig 1910).

Pisa, Karl, *Schopenhauer. Kronzeuge einer unheilen Welt*, Wien/Berlin 1977.

Safranski, Rüdiger, *Schopenhauer und die wilden Jahre der Philosophie. Eine Biographie*, Reinbek bei Hamburg 1996.

Schneider, Walther, *Schopenhauer. Eine Biographie*, Hanau o. J.

Schopenhauer-Archiv, www.stub.uni-frankfurt.de/schop.html.

Schopenhauer-Bildnisse. Eine Ikonographie, hrsg. von Arthur Hübscher, Frankfurt am Main 1968.

Spierling, Volker, *Arthur Schopenhauer. Eine Einführung in Leben und Werk*, Leipzig 1998.

Windelband, Wilhelm, *Lehrbuch der Geschichte der Philosophie*, Tübingen 1912.

Schopenhauers Lebensabriß folgt im wesentlichen der Darstellung Arthur Hübschers. Die Quellen hierfür hat Schopenhauer mit eigenen Lebensskizzen und Briefen hinterlassen. Hierzu gehören:

1. Schreiben an den Dekan der Philosophischen Fakultät der Universität Jena vom 24. September 1813;

2. *Curriculum vitae*, Lebenslauf, von Schopenhauer am 31. Dezember 1819 an der Philosophischen Fakultät der Universität Berlin eingereicht;

3. Lebensbericht, von Schopenhauer am 10. Dezember 1836 seinem Freund Anthime Grégoire gesandt;

4. Biographische Skizze, die er am 9. April 1851 dem Philosophiehistoriker Johann Eduard Erdmann für den 2. Band von dessen *Versuch einer wissenschaftlichen Darstellung der Geschichte der neueren Philosophie* überlassen hat;

5. *Notizen über mein Leben*, eine Selbstdarstellung, die Schopenhauer der Redaktion von Mayers Conversations-Lexikon am 28. Mai 1852 nach Leipzig sandte.

Zeugnis von seinem Leben und Wirken geben auch die unmittelbar nach seinem Tod entstandenen biographischen Darstellungen. Hierzu gehören:

1. Wilhelm von Gwinner, *Arthur Schopenhauer aus persönlichem Umgang dargestellt*, Leipzig 1862; vielfach vermehrt und umgearbeitet; kritisch durchgesehen und mit einem Anhange neu hrsg. von Charlotte von Gwinner, Leipzig 1922; gekürzte Neuausgabe, Frankfurt am Main 1963, [2]1987.

2. Ders. *Schopenhauer und seine Freunde*, Leipzig 1863.

3. Ernst Otto Lindner/Julius Frauenstädt, *Arthur Schopenhauer. Von ihm. Über ihn. Ein Wort der Vertheidigung* (I), *Memorabilien, Briefe und Nachlassstücke* (II), Berlin 1863 (vgl. SL, S. 140).

4. Julius Frauenstädt, *Briefe über die Schopenhauersche Philosophie*, Leipzig 1854.

C) Literatur

Aurelius Augustinus, *Bekenntnisse*, zweisprachige Ausgabe, aus dem Lateinischen von Joseph Bernhart, Frankfurt am Main 1987.

Bloch, Ernst, (1985 a) *Neuzeitliche Philosophie II: Deutscher Idealismus. Die Philosophie des 19. Jahrhunderts*, Leipziger Vorlesungen zur Geschichte der Philosophie, Band 4, Frankfurt am Main 1985.

Bloch, Ernst (1985 b), *Das Materialismusproblem, seine Geschichte und Substanz*, Frankfurt am Main 1985.

Deussen, Paul, *Die Elemente der Metaphysik. Als Leitfaden zum Gebrauche bei Vorlesungen sowie zum Selbststudium zusammengestellt nebst einer Vorbetrachtung über das Wesen des Idealismus*, Leipzig ⁴1907.

Euler, Leonhard, *Briefe an eine deutsche Prinzessin über verschiedene Gegenstände aus der Physik und Philosophie*, Braunschweig 1986.

Flasch, Kurt, *Augustinus. Einführung in sein Denken*, Stuttgart 1980.

Freud, Sigmund, Gesammelte Werke. Chronologisch geordnet, hrsg. von Anna Freud u. a., 18 Bände, Frankfurt am Main 1960.

Gödde, Günter, *Traditionslinien des „Unbewußten". Schopenhauer – Nietzsche – Freud*, Tübingen 1999.

Goethes Briefe, Hamburger Ausgabe, 4 Bände, Hamburg 1965.

Goethes Werke, Hamburger Ausgabe in 14 Bänden, hrsg. von Erich Trunz, München ¹³1982.

Goethe, Johann Wolfgang, *Farbenlehre*, hrsg. von Gerhard Ott und Heinrich O. Proskauer, 3 Bde., Stuttgart ³1984.

Grätzel, Stephan, *Die philosophische Entdeckung des Leibes*, Wiesbaden 1989.

Grün, Klaus-Jürgen, *Schopenhauers Mitleidsethik als Gegenentwurf zur normengeleiteten Ethik*, in: prima philosophia, Bd. 12, Heft 4, 1999, S. 21–32.

Hallich, Oliver, *Mitleid und Moral. Schopenhauers Leidensethik und die moderne Moralphilosophie*, Würzburg 1998.

Hasse, Heinrich, *Schopenhauer*, München 1926 (Geschichte der Philosophie in Einzeldarstellungen, Abt. VIII. Die Philosophie der neuesten Zeit, Bd. 34).

Höffe, Otfried, *Immanuel Kant*, Beck'sche Reihe *Große Denker*, München ⁴1996.

Horkheimer, Max, *Gesammelte Schriften*, hrsg. von Alfred Schmidt und Gunzelin Schmid Noerr, 19 Bände, Frankfurt am Main 1985–1996 (abgekürzt mit „Horkheimer").

Jahrbuch der Schopenhauer-Gesellschaft, Kiel 1912–1919; Heidelberg 1920–25; Leipzig 1926; Heidelberg 1927–1944; Leipzig – Frankfurt am Main u. a. 1945–1948; Frankfurt am Main 1949–1950; Frankfurt am Main 1951–1992; seit 1993 Würzburg.

Kant, Immanuel, Werke in sechs Bänden, hrsg. von Wilhelm Weischedel, Darmstadt 1983.

Kienzle, Ulrike, *Das Weltüberwindungswerk. Wagners „Parsifal" – ein szenisch-musisches Gleichnis der Philosophie Arthur Schopenhauers*, Regensburg 1992.

Kuhlenbeck, Hartwig, *Schopenhauers Bedeutung für die Neurologie*, in: Der Nervenarzt, 32, Heft 4, 1961, S. 177–182.

Lange, Friedrich Albert, *Geschichte des Materialismus und Kritik seiner Bedeutung in der Gegenwart*, hrsg. und eingel. von Alfred Schmidt, Frankfurt am Main 1974.

Lukács, Georg, *Die Zerstörung der Vernunft*, Bd. 1: *Irrationalismus zwischen den Revolutionen*, Darmstadt/Neuwied 1973.

Malter, Rudolf, *Der eine Gedanke. Hinführung zur Philosophie Arthur Schopenhauers*, Darmstadt 1988.

Mann, Thomas, *Schopenhauer (1938)*, in: *Essays*, 5 Bde., hrsg. von Hermann Kurzke und Stephan Stachorski, Frankfurt am Main 1995.

Marx, Karl, *Das Kapital* Bd. I, in: MEW, Bd. 23, Berlin [16]1986.

Maus, Heinz, *Die Traumhölle des Justemilieu. Erinnerungen an die Aufgaben der Kritischen Theorie*, hrsg. von Michael Th. Greven u. a., Frankfurt am Main 1981.

Mayer, Eduard von, *Schopenhauers Ästhetik und ihr Verhältnis zu den ästhetischen Lehren Kants und Schellings*, Hildesheim / New York 1980.

Mehring, Franz, *Die Lessing-Legende. Zur Geschichte und Kritik des preussischen Despotismus und der klassischen Literatur*, eingel. von Rainer Gruenter, Frankfurt am Main/Berlin/Wien 1972.

Naegelsbach, Hans, *Das Wesen der Vorstellung bei Schopenhauer,* Heidelberg 1927 (Diss.).

Nietzsche, Friedrich, Kritische Studienausgabe in 15 Einzelbänden, hrsg. von Giorgio Colli und Mazzino Montinari, Berlin 1967–1977.

Nitzschke, Bernd, *Aufbruch nach Inner-Afrika. Essays über Sigmund Freud und die Wurzeln der Psychoanalyse*, Göttingen 1988.

Papst Johannes Paul II., Enzyklika, *Glaube und Vernunft, Fides et Ratio*, Einführung von Luitpold Dorn, Präsentation von Kardinal Joseph Ratzinger, Stein am Rhein 1998.

Rosteutscher, J. H. W., *Die Wiederkunft des Dionysos. Der naturmystische Irrationalismus in Deutschland*, Bern 1947.

Samson, L., Artikel *Mitleid*, in: *Historisches Wörterbuch der Philosophie*, hrsg. von Joachim Ritter und Karlfried Gründer, Bd. 5, Darmstadt 1980, Sp. 1410–1416.

Schmidt, Alfred (1977), *Schopenhauer und der Materialismus*, in: *Drei Studien über Materialismus*, München/Wien 1977.

Schmidt, Alfred (1986), *Die Wahrheit im Gewande der Lüge. Schopenhauers Religionsphilosophie*, München 1986.

Schmidt, Alfred (1988a), *Idee und Weltwille. Schopenhauer als Kritiker Hegels,* München/Wien 1988.

Schmidt, Alfred (1988b), *Nachwort des Herausgebers* und *Nachtrag*, in: Horkheimer, Max, *Gesammelte Schriften*, hrsg. von Alfred Schmidt und Gunzelin Schmid Noerr, 19 Bände, Frankfurt am Main 1985–1996, Bd. 1, [2]1988.

Schmidt, Alfred (1989), *Physiologie und Transzendentalphilosophie bei Schopenhauer*, in: Jahrbuch der Schopenhauer-Gesellschaft 70/1989, S. 43–53.

Schmidt, Alfred (1994), *Die Leiblichkeit des Menschen als Bindeglied zwischen Medizin und Philosophie*, in: *Politikwissenschaft als Kritische Theorie. Festschrift für Kurt Lenk*, hrsg. von Michael Th. Greven/Peter Kühler/Manfred Schmitz, (Hrsg.), Baden-Baden 1994, S. 133–149.

Schmidt, Alfred (1995a), *Schwierigkeiten einer philosophischen Freud-Rezeption*, in: Alfred Schmidt/Bernhard Görlich (Hrsg.), *Philosophie nach Freud. Das Vermächtnis eines geistigen Naturforschers*, Lüneburg 1995; zuvor in: Psyche, 42/5, 1988.

Schmidt, Alfred/Bernard Görlich (Hrsg.) (1995b), *Philosophie nach Freud. Das Vermächtnis eines geistigen Naturforschers*, Lüneburg 1995.

Schmidt, Alfred (1996), *Schopenhauer als Aufklärer*, in: Dieter Birnbacher, *Schopenhauer in der Philosophie der Gegenwart*, Würzburg 1996.

Schmidt, Alfred (1999), *Paradoxie als Wahrheit im Denken Schopenhauers*, in: Carolina Rohman/Gerold Schipper-Hönicke (Hrsg.), *Das Paradoxe. Literatur zwischen Logik und Rhetorik. Festschrift für Ralph-Rainer Wuthenow zum 70. Geburtstag*, Würzburg 1999, S. 19–25.

Schmidt, Alfred, *Vergegenständlichung/Verdinglichung*, in: *Historisches Wörterbuch der Philosophie*, hrsg. von Joachim Ritter und Karlfried Gründer, Bd. 11, Basel 2000.

Siebert, Otto, *Geschichte der neueren deutschen Philosophie seit Hegel*, Göttingen 1905.

Steinvorth, Ulrich, *Klassische und moderne Ethik. Grundlinien einer materialen Moraltheorie*, Reinbek bei Hamburg 1990.

Thomas von Aquin, *Summe gegen die Heiden*, hrsg. und übers. von Karl Albert und Paulus Engelhardt, erster Band, Darmstadt 1987.

Tolstoj, Leo, *Gedanken und Erinnerungen*, Bern 1942.

Tugendhat, Ernst, *Vorlesungen über Ethik*, Frankfurt am Main 1993.

Volkelt, Johannes, *Das Unbewußte und der Pessimismus. Studien zur modernen Geistesbewegung*, Berlin 1873.

Zeit der Ernte. Studien zum Stand der Schopenhauer-Forschung. Festschrift für Arthur Hübscher zum 85. Geburtstag, hrsg. von W. Schirmacher, Stuttgart/Bad Cannstatt 1982, S. 60–69.

Zeller, Eduard, *Geschichte der Deutschen Philosophie seit Leibnitz*, München 1873.

Zentner, Marcel R., *Flucht ins Vergessen. Die Anfänge der Psychoanalyse Freuds bei Schopenhauer*, Darmstadt 1995.

3. Bildquellenverzeichnis

Abb. 1: Nach Schopenhauer-Bildnisse, S. 52.

Abb. 2: Landsitz der Familie Schopenhauer in Oliva bei Danzig. Nach rororo-Monographie, S. 14.

Abb. 3: Arthur Schopenhauer um 1802, Aquarell eines unbekannten Künstlers. Nach Schopenhauer-Bildnisse, S. 38.

Abb. 4: Universität von Berlin 1840, kolorierte Lithographie. Nach Brockhaus, Kunst und Kultur, S. 117.

Abb. 5: Englischer Hof und Goldene Kette in Frankfurt am Main. Nach *Das schöne Gesicht von Frankfurt am Main*, Abb. 20.

Abb. 6: Bleistiftzeichnung von Wilhelm Busch. Nach Schopenhauer-Bildnisse, S. 38.

Abb. 7: Handschriftliche Bemerkung auf dem Titelblatt von Schellings Schrift *Ideen ...* Schopenhauer-Archiv.

Abb. 8: Randnotizen Schopenhauers in Hegels *Phänomenologie des Geistes* und Bleistift-Zeichnungen auf der letzten Seite. Schopenhauer-Archiv.

Abb. 9: Die beiden Schopenhauer-Häuser in Frankfurt am Main. Nach rororo-Monographie, S. 81.

Abb. 10: Der Kampf ums Kreuz. Nach Brockhaus, *Kunst und Kultur*, S. 654.

Abb. 11: Schopenhauer. Daguerreotyp vom 3. September 1852. Nach Schopenhauer-Bildnisse, S. 71.

Adorno, Theodor Wiesengrund (1903–1969) 13, 80

Anaximenes (585–525) 34

Aristoteles (384/3–322/1) 60

Augustinus, Aurelius (254–430) 38, 71, 82, 130, 131

Bahnsen, Julius (1830–1881) 117

Becker, Johann August (1803–1881) 27, 82

Berkeley, George (1685–1753) 36, 63, 81

Bichat, Marie François Xavier (1771–1802) 70, 73

Bloch, Ernst (1885–1977) 74, 130, 131

Blumenbach, Johann Friedrich (1752–1840) 25

Büchner, Ludwig (1824–1899) 27, 36, 78

Buddha (560–480) 18

Cabanis, Jean Pierre Georges (1757–1808) 19, 70, 73, 79

Changeux, Jean-Pierre 12

Condillac, Étienne Bonnot de (1714–1780) 70

Demokrit, (460–380/70) 35

Descartes, René (1596–1650) 11, 14, 30, 33

Deussens, Paul (1845–1918) 117

Engels, Friedrich (1820–1895) 78, 126

Euler, Leonhard (1707–1783) 37, 131

Feuerbach, Ludwig Andreas (1804–1872) 92

Fichte, Johann Gottlieb (1762–1814) 20, 123, 128

Fischer, Kuno (1824–1907) 79, 129

Flourens, Marie Jean Pierre (1794–1867) 73

Frauenstädt, Julius (1813–1879) 27, 28, 30, 31, 117, 129 f.

Freud, Sigmund (1856–1939) 9, 11, 119, 120 ff., 131 f.

Gall, Franz Josef (1758–1828) 19

Gödde, Günter 120, 124, 131

Goethe, Johann Wolfgang von (1749–1832) 19, 21 f., 24, 30, 53, 54 ff., 128, 131

Groddeck, Georg Walther (1866–1934) 120

Hartmann, Eduard von (1842–1906) 123

Hegel, Georg Wilhelm Friedrich (1770–1831) 25, 27, 33, 68, 91, 100, 108, 113, 116, 133

Helmholtz, Hermann Ludwig Ferdinand von (1821–1894) 36

Helvétius, Claude Adrien (1715–1771) 30

Herbart, Johann Friedrich (1776–1841) 27

Höffe, Otfried 39, 43, 131

Holbach, Paul-Henri Thiry d' (1723–1789) 70 f.

Horkheimer, Max (1895–1973) 9, 13, 66, 71 f., 91, 103, 124 ff., 131, 132

Hübscher, Arthur (1897–1985) 9, 10, 24, 129 f., 133

Hume, David (1711–1776) 95, 108

Kant, Immanuel (1724–1804) 9, 10 f., 13, 20, 28, 30, 33 f., 36 f., 39, 43 ff., 48, 52, 57, 61 ff., 71, 77, 79, 81, 84, 86, 88 f., 92 ff., 101, 113 f., 116, 121, 131

Kienzle, Ulrike 118, 131

Klopstock, Friedrich Gottlieb (1724–1803) 16

Lange, Friedrich Albert (1828–1875) 116, 131

Lukács, Georg (1885–1971) 117, 124, 131

Majer, Friedrich (1772–1818) 22

Malebranche, Nicole (1638–1715) 85
Mann, Thomas (1875–1955) 123 f.,
    132
Marx, Karl Heinrich (1818–1883)
    12 f., 126, 132
Maus, Heinz (1911–1978) 132
Mehring, Franz (1846–1919) 116,
    132
Moleschott, Jacob (1822–1893) 27,
    36, 78

Newton, Isaac (1643–1727) 24, 53,
    57 f., 61
Nietzsche, Friedrich (1844–1900) 9,
    112, 116 f., 120, 124 f., 129, 131 f.

Platon (427–348/7) 67, 91, 115, 129
Plotin (205–270) 57

Reimarus, Hermann Samuel
    (1694–1768) 16
Rosenkranz, Karl (1805–1879) 28
Roth, Gerhard 12

Schelling, Friedrich W. J.
    (1775–1852) 27, 55, 74, 108, 113, 132
Schmidt, Alfred 6, 70, 73, 79 f., 80,
    86 f., 92, 98, 103, 108 f., 117 f., 124,
    126, 131 f.

Schulze, Gottlob Ernst (1761–1833)
    20
Seneca, Lucius Annaeus (4–65) 86
Shakespeare, William (1564–1616)
    30
Spinoza, Baruch de (1632–1677) 14
Steinvorth, Ulrich 106, 133

Thales von Milet (625–547) 34
Thomas von Aquin (1224/5–1274)
    80, 133
Tolstoj, Leo (1828–1910) 118, 133
Tugendhat, Ernst 104 ff., 133

Vogt, Karl (1817–1895) 27, 36, 78
Voltaire (1694–1778) 30

Wagner, Richard (1813–1883) 116,
    118 f., 131
Weischedel, Wilhelm (1905–1975) 9,
    131
Windelband, Wilhelm (1848–1915)
    116, 130
Winckelmann, Johann Joachim
    (1717–1768) 24
Wolf, Friedrich August (1759–1824)
    20

Zeller, Eduard (1814–1908) 79, 133

6. Sachregister

Anthropologie 109
Arché 34
Askese 117, 123
Atheismus 107, 109
Âtma 30
Atome 34, 35
Aufklärung 14, 30, 36, 71, 76, 91,
    107, 116 f.

Egoismus 13, 86 f., 91, 94, 97 f., 106
empirisch 57, 77, 81, 87, 98 f., 104
Enzyklika 37, 132
Enzyklopädie 71
Erlösung 90, 102, 107 ff., 111, 115

Fetisch 12, 92

Gerechtigkeit 99, 117, 126

Hirnparadoxon 7, 79
Hirnphänomen 11, 36, 43, 66, 76
Hirnphysiologie 12, 13

Idealismus 7, 11, 20, 33, 35 f., 39 f.,
    43, 46, 49, 57, 61, 63, 79, 116, 130 f.
Ideologiekritik 38 f., 92 f.
Intellekt 12, 35, 69, 74, 76 ff., 82, 90,
    92, 107
Irrationalismus 116 f., 131 f.

Kausalgesetz 13, 21, 38 f., 93
Kausalität 11 ff., 21, 23, 34, 39 ff.,
  43 ff., 48, 51, 61 f., 65 f., 74, 84, 88 f.,
  93, 108, 113 f.
Kunst 8, 30, 86, 111 ff., 115, 123 f., 133

Leib 11, 20, 43, 46, 50, 52, 58, 64 f.,
  68, 70 f., 73, 76 f., 97
Leid, Leiden 13, 54, 87, 90, 92, 100,
  102, 104, 107 ff., 111 f., 121, 125 f.
Logos 34

Magnetismus, animalischer 30
malum metaphysicum 7, 18, 86, 126
Materialismen 27
Materialismus, physiologischer 70, 76
Materialismus, mechanischer 33, 35 f.,
  38, 45
Mechanik 35 f
Moralphilosophie 12, 69, 71, 80 f.,
  85, 90, 93 ff., 99, 103 ff., 107, 116,
  131
Motivation 49, 51, 98
Musik 115, 118
Mysterium 98
Mystik 13, 22, 51, 108

Naturalismus 61
Naturphilosophie 27, 69, 74, 89, 112
Netzhaut, Retina 24, 55, 58, 77
Nihilismus 108
Nous 36

Objektivation 75, 77, 79, 124
Okkultismus 30
Ontologie 76

Pantheismus 22, 109
Pessimismus 87, 90, 103, 112, 117,
  124, 133

Physik, absolute 61, 81
Physiologie 28, 36, 50, 55, 58, 70, 73,
  132
Pneuma 36
Polarität 54, 55
principium individuationis 66
Prinzip 7, 34, 36, 38 f., 40, 50, 66, 86,
  89, 101

Quietiv 102, 103, 111

Realismus 38, 43, 114
Religionsphilosophie 8, 96, 107 f.,
  110, 132
Sittengesetz 12, 89, 121
Solidarität 13, 126
summum bonum 80, 94

Theologie 12, 36 ff., 43, 88, 93, 95,
  107, 109, 125
Transzendentalphilosophie 11, 20,
  53, 61 f., 77, 79, 92, 96, 132
Transzendenz 107
Trieb 11, 52, 64 ff., 72 f., 90, 97 ff.,
  119, 121 ff., 125

Überlebenskampf 75
Übernatur 70
Unbewußtes 11, 92, 119, 133
Urphänomen 78, 98

Veden 22

Wahnsinn 121, 123
Wahrheit 7, 13, 18, 35 ff., 40 ff., 47,
  49, 58, 76, 78, 81, 109, 110, 118,
  125, 132, 133
Weltseele 30, 36, 96
Wissenschaftslehre 20